新时期
高校体育教学改革研究

卜宪贵

九州出版社
JIUZHOUPRESS
全国百佳图书出版单位

图书在版编目（CIP）数据

新时期高校体育教学改革研究 / 卜宪贵著. -- 北京：九州出版社，2019.10

ISBN 978-7-5108-8403-0

Ⅰ. ①新… Ⅱ. ①卜… Ⅲ. ①体育教学－教学改革－高等学校 Ⅳ. ①G807.4

中国版本图书馆CIP数据核字(2019)第235258号

新时期高校体育教学改革研究

作　　者	卜宪贵　著
出版发行	九州出版社
地　　址	北京市西城区阜外大街甲 35 号 (100037)
发行电话	(010)68992190/3/5/6
网　　址	www.jiuzhoupress.com
电子信箱	jiuzhou@jiuzhoupress.com
印　　刷	北京市龙港印刷有限公司
开　　本	880 毫米 ×1230 毫米　32 开
印　　张	7.875
字　　数	210 千字
版　　次	2019 年 11 月第 1 版
印　　次	2019 年 11 月第 1 次印刷
书　　号	ISBN 978-7-5108-8403-0
定　　价	58.00 元

前　言

随着全球化教育教学交流活动日益增多，世界各国教育界专家、学者对教育教学活动研究日益深入。各国教育界在遵循教育教学基本规律的基础上，结合本国社会体制、文化传统、经济状况等对教育教学进行相关研究，不但深化了对教育教学规律及本质的认识，而且推动了各国教育教学研究成果融合发展。近年来，我国教育界在借鉴其他国家教育教学研究成果的基础上，根据我国国情提出了具有中国特色的教育教学相关研究理论，推动了我国教育教学改革研究向纵深发展。

当前我国高等教育的教学目标是培养厚基础、重应用兼具竞争精神、创新意识的复合型人才，而高校体育教育教学只有进行相应改革，才能适应新时期高等教育教学改革要求。在我国推动高等教育教学改革的宏观环境下，综合分析世界高等教育教学相关研究成果，结合我国国情，研究新时期我国高校体育教学改革及发展方向，不但可以加深我们对高校体育教学本质认识，更能将高校体育教学与育人活动相结合，着力培养符合习近平新时代中国特色社会主义要求的社会主义建设者和接班人。因此本研究具有重要的理论意义和现实意义。

从高校体育教学自身看，高校体育教学是实现学校体育教育目标的重要途径，是在师生共同参与下，以体育为载体，通过体育教学使学生掌握基本体育技术、基本体育知识，培养学生体育行为能力和终生体育习惯，在此基础上对学生进行品德教育，培养学生勇敢、顽强和进取精神，从而为国家培养具有健康身心体魄的合格人才。因此高校体育教学是一个塑造身心健康的高级人才的过程，而要科学控制高校体育教学这一过程，实现高校体育教学目标，必须把高校体育教学与当今社会对高级人才培养要求相结合，统筹谋划，才能使高校体育教学达到事半功倍的效果。

笔者通过对高校体育教学相关研究的纵向分析和横向比较，认为当前我国高校体育教学指导思想仍沿袭“生物体育”观、“增强体质”论，产生诸多相关矛盾，如课程设置、教学思想、教学内容、教学方法等方面问题。因此高校体育教学改革应在纵览教育教学研究理论基础上，从我国国情实际出发，考虑我国高等教育所处时代特征，遵循高校体育教学基本规律，使高校体育教学在实现对学生生物改造的同时，兼顾学生心理和社会需求，从而达到促进学生全面发展。

从社会发展外部环境看，随着我国社会不断发展，科学技术日益进步，国民收入不断增加，物质生活日益丰富，余暇时间日益增多，精神文化生活需求不断增强，为娱乐身心、交流感情、促进社会化，当前体育已成为人们精神文化生活的重要追求内容。作为学校体育最高层次的高校体育教学，是连接学校体育与社会体育之间的桥梁和纽带，新时期高校体育教学改革方向就是培养学生把体育作为其日常生活内容的能力，能够积极参与和享受体育，达到实现高校体育与终身体育、社会体育无缝衔接的目标。

鉴于此，笔者特撰写了本书，本书宗旨是通过对我国高校体育教学深入研究，推进高校体育教学理论与实践改革，促进高校体育教学不断发展。《新时期高校体育教学改革研究》一书共分为十章，第一、二章主要介绍了高校体育教学基本常识及其相关研究情况；第三章从高校体育教学现状、问题、发展与创新等多个内容入手，探讨新时期高校体育教学改革方向与发展趋势；第四至第九章分别从高校体育教学的目标、课程、模式、方法、过程、评价等层面，详细分析其改革情况；本书第十章还探索了新时期高校体育教师的培养相关问题。总体来看，《新时期高校体育教学改革研究》的最大特点是系统性和针对性较强，在分析探讨高校体育教学所存在的系列问题的同时，对高校体育教学改革方向和前景进行了展望；且语言生动通俗，在注重学术性的同时，突出高校体育教学实践的应用性。

本书在撰写过程中，参考和借鉴了教育界相关专家、学者的研究成果和观点，在此表示诚挚感谢。由于时间关系和能力所限，在撰写过程中难免存在不足与疏漏之处，在此恳请广大读者批评指正，以期和教育界同仁共同努力推动高校体育教学不断取得进步，为高校体育教学发展贡献绵薄之力。

2019 年 7 月

作 者

目 录

第一章　高校体育教学概述 …… 1
第二章　新时期高校体育教学研究的基本理论 …… 32
第三章　高校体育教学的发展与改革 …… 63
第四章　新时期高校体育教学目标改革研究 …… 81
第五章　新时期高校体育教学课程改革研究 …… 93
第六章　新时期高校体育教学模式改革研究 …… 126
第七章　新时期高校体育教学方法改革研究 …… 147
第八章　高校体育教学过程改革研究 …… 160
第九章　高校体育教学评价的发展与改革 …… 188
第十章　新时期高校体育教学的教师定位再探索 …… 220
参考文献 …… 240

目录

第一章　高校体育教学概述

对于高校体育工作者来说，体育教学就是教师与学生共同参与，教师有计划、有目的地教授学生与体育相关的知识、技术、技能等，提高学生的身体机能，培养学生的意志和品质，让学生对体育有正确的认识态度，形成终身体育锻炼的习惯。这不仅是高校体育工作者的责任与义务，对于学生今后的成长与发展来说也同样具有深远的意义。

第一节　体育教学的概念

一、教学的概念

所谓“教学”就是指老师的“教”，学生的“学”，“教”是指教师教导学生知识，发展学生的智力和能力等；“学”是指学生认真学习教师所教授的知识，不断进步，使自身得到提高。简而言之就是教师对学生的一种人才培养活动，在这个活动过程中，教师有计划、有组织、有针对性地引导学生学习知识、掌握技能，提升学生的综合素质，让他们日后成为社会所需要的人。

早在商朝时期，甲骨文中就已经出现了“教”字和“学”字，最初是两个单独的字，在考古文献《书·商书·说命》中，“教学”二字首次联系在一起组成一个词。随着历史的不断发展，教学逐渐被定义为人类特有的一种人才培养活动，且在人类文明的发展中有着举足轻重的作用，不断推动着社会的进步和发展。在传统的教学方式中，教学注重将知识点灌输给学生，让学生“学会”，强调的是从认知到结果，从而导致了很多“填鸭式”的教学、“死记硬背”教学、“题海式”教学的现象出现，这种教学模式单一化、机械化，学生很容易因此产生厌学情绪。近年来，教学模式的创新逐渐引起国家和教育工作者的重视，出现了很多个性化教学，老师们因材施教，根据学生的个体差异化制定出不同的学习计划和学习方案，从根本上帮助学生解决疑难杂症，提高学生的学习成效。

总之，所谓教学就是万变不离其宗地以传授学生知识为中心，以教师为主导，教导学生，引导学生，指导学生，在不同的学习环境和知识内容中，创新改革多种教学方式，从“教学”上升到“育人”，促进学生的全面发展。

二、体育教学的概念

体育教学即为身体的教育，是以身体活动为手段的教育。随着国际竞争日益激烈，体育已逐渐成为衡量国家发展和进步水平的一项重要指标，也成为国家相互之间的交流手段。

体育教学在古代就已经产生，并将被视为人才是否文武兼备的一项重要内容，如在西周时期，周王官学要求学生掌握六项基本才能，“礼、乐、射、御、书、数”六艺，从科目内容上来看，其中“射”就从属体育中的射箭技术。在现代社会中，体育作为一门正式的课程，其设立时间较晚，但近年来已经得到了迅猛发展，人们逐渐意识到体育教学的重要性，并将体育教学与学生的人格培养、个性培养密切相连，将体育教学提高到一个新的知识起点。

通过研究我们认为，体育教学是一种师生之间“教”与“学”相统一的活动，即教师对学生的学习进行指导的活动。在这一活动中，学生的学习活动主要以身体活动，即“身体练习”作为知识载体进行认识活动[①]。体育教学是以学生为对象，教师的教育效果能直接从学生身体上体现出来，学生身体所展现出来的外在力量、骨骼

① 顾明远 . 教育大辞典：上海教育出版社，1998 年 .

发育、身体协调力、身体平衡力等，都是体育教学所呈现出来的效果。体育教学除了能改善学生的身体发展，还能在无形中改造学生的心理发展，在体育运动过程中能享受身体的舒展和心情的放松，体现了体育教学鲜明的身心合一体系。

第二节　体育教学的特点与目标

一、体育教学的特点

体育理论知识教学、体育技术与技能的实践教学、运用课教学是体育教学的主要内容。

任何教学都是具有教育性的，体育教学既是一种由教师作为主导者、组织者与学生共同构造的一种有计划、有目的、有组织的双边活动，同时，体育教学又具有自身的特殊性，它的特殊性在于它是以身体为载体的一种传授知识的手段，这与其他学科的教学完全不一样。体育教学中讲究“做”中“学”、“练”中“学”，可以以此与其他一般学科教学区别开来[①]。结合以上论述进行具体分析，我们可以将体育教学的特点主要分为以下几点：

（一）体育教学中学生需承受一定的生理负荷

体育教学是对学生身体机能结构的一种改善，是一种涉及体力与技巧的，具有一定规律的活动过程。在体育运动中，学生身体的肢体和各个器官都会充分地调动起来，在这一活动过程中，学生的身体会因此产生一定的运动负荷，即生理负荷量，使身体产生相应的变化，运动负荷量过高，就会超出身体的承受范围，从而出现一系列不良的身体反应；运动负荷量过低，则无法达到运动的效果。这既是体育运动的特点，也是体育教学的基本特点，是学生在体育运动过程中身体的一种生物表现。

---

① 李山 . 论力量专项化训练的结构 [J]. 西安体育学院学报 . 2015,24.

（二）体育教学组织的多变性

这里所说的体育教学组织是指构成体育教学中的一切有形组织，如体育场所、体育器材等，以及不同的学生所表现出的个体差异化，如身体素质的强弱、不同的性别、不同的体育基础等，除此之外，还包括一些会干扰体育活动的外在自然因素，如季节、气候、天气等。正是基于这些不确定的外在因素，因此，体育教学活动也是具有多变性的，不仅要考虑到学生的不同差异，还要根据不同的外在的环境进行体育活动的调整，使体育教学也具有一定的复杂性特点。

（三）体育教学中的人际交往频繁

体育活动一般属于多人参与的过程，在体育课程中，教师一般会对学生进行分组分队展开教学，因此是一个多人互动的过程，人际交往较为频繁。比如在田径接力赛跑中，就需要教师与小组中的同学相互之间沟通、交流、调整，将每个人进行赛段分配，然后一棒接一棒地接力跑完整个赛场。又如跳马运动，同样是通过对学生的观察，然后对学生的动作进行纠正、调整，最终完成标准的运动动作。教师和学生之间的这种互动过程是人际关系中的一种角色转变，从某种意义上来说，在一些特定的比赛中，师生之间的这种互动使双方转变为合作关系，为学生日后在生活和工作中的人际交往方式也奠定了基础。

（四）体育教学可有针对性地开展思想品德教育

体育教学除了锻炼学生的体魄和心理健康外，还能促进学生良好的思想品德教育，这也是我国对体育教学提出的总目标：“增强学生体质，促进学生身心的和谐发展，培养学生体育能力和良好的思想品德，使其成为具有现代精神的德、智、体、美全面发展的社会主义建设者。”在体育教学中，学生一旦对某一训练模式形成严格的规范，并在长期的实践中深信自己掌握和了解的规范是正确的的时候，就会形成学生的道德习惯和性格特征，当道德习惯和道德认识结合在一起，就成了一个人的道德信念。

二、体育教学的目标

（一）体育教学目标的含义

1. 体育教学目标的概念

体育教学目标是指在某单元或某一节的体育课中，教师和学生达到预期的教学结果和标准。通常情况下，教师会根据体育内容针对学生做出有指导性和定向性的教学目标，在实际操作上灵活、实用，一般包含运动参与、运动技能、身体健康、心理健康、社会适应五个方面的内容。

2. 体育教学目标、目的、任务之间的关系

体育教学的目的是帮助学生全面锻炼身体，促进身体素质和身体活动能力的全面发展，掌握基本的体育知识、技巧、技能，养成长期运动的良好习惯，帮助学生进行良好的思想品德教育。为了完成体育教学的目标，进而将体育教学的目标和目的形成一项基本的体育教学任务。总的来说，三者是一个有机的整体，三方协调一致，全面贯彻，主要表现为：

第一，严格落实体育教学任务，将体育教学目标与目的全面完成；

第二，实现体育教学目的，首先制定完整的体育教学的目标为引导；

第三，各个阶段所呈现的教学成效，是体育教学目标的总和。

（二）体育教学目标的特性及功能

1. 体育教学目标的特性

（1）前瞻性和曲折性

体育教学的前瞻性主要表现在教师预测性地帮助学生制定合理的运动计划，提高和促进学生的体育知识或技巧、技能水平，因此，制定体育教学目标是超越的、有针对性的、有突破性的。但由于学生所表现出的运动结果不一定能达到所预期的效果，所以在这种情况下，教师还会适当地将教学目标进行调整或更改，方便学生更好

地适应，获得更好的成绩，因此，体育教学目标也具有一定的曲折性。

（2）方向性和终结性

体育教学的方向性显而易见，即对学生的运动技巧、身体健康、心理健康、道德思想进行提升，其明确的方向性传达出体育教学的终结性。这里所指的终结性并不是指体育的最终终点，而是指体育教学完成的某一个任务阶段，或某一个教育计划，是教师对学生完成结果的一种期待。

2. 体育教学目标的功能

（1）为体育教学内容及方法提供依据

体育教学目标的制定使教师在进行体育教学时有一个明确的指引方向，教师可以根据自身的教学经验、学生的实际情况，在教育过程中用恰当的方式方法寻找准确的契合点，完成高效率的体育教学。

（2）为体育教学活动的组织提供依据

体育教学的组织和开展需要以教学内容来做安排，教师通过对教学内容的整理和总结制定出体育教学目标，因此，体育教学目标是体育教学活动的前提依据，是决定体育教学活动能否达到预期目标的先决条件，并为具体的教学活动提供了有效的科学指导。

（3）为体育教学评价提供依据

教学评价是根据教学目标，对整个教学过程以及最后的教学结果进行价值评判，并为教学内容服务的活动，是对教学活动的潜在价值做出的评判过程，同样也是研究教师的教学质量以及学生学习价值的过程。

（三）体育教学目标的制定

1. 制定体育教学目标的依据及要求

（1）制定体育教学目标的依据

①体育目标与体育课程标准

体育教学目标包含了国家、社会对学校体育的基本要求，是制定体育教学目标的重要依据。在国家所颁发的学校体育课程相关文件中，各个学校根据自己不同情况从而制定适当的教学目标，从而形成一套科学的体教教学体系。

②体育教学的本质特征与功能

体育教学的目标的制定，应充分展现体育教学的功能，并突出表现其促进学生身心健康、体质与体能发展的本质特征。

③学生身心发展的特点及规律

在不同的成长环境下，学生所表现出的行为特点及心理特征都有所不同，体育教学在目标制定时，会根据学生呈现出的个体差异化，制定出符合学生身心发展的教学计划，提升教学成效。

④实际条件和可能

教育目标的完成需要在一定的外在教学条件下才能顺利完成，因此，教学条件对体育教学目标的制定也有着重要的影响，但从目前我国各高校的教学条件来看，分布不均、发展不平衡是当前呈现出来的显著特点，在制定教学目标时也会造成不同程度的差异化。所以，科学的教学目标以外在的教学条件为参考，来决定教学内容的可行性与可能性。

（2）制定体育教学目标的要求

①连续性

为了达到最佳的教学效果，在制定教学目标之初就应当保证教学目标的连贯性，循序渐进、由浅入深地将各个环节逐渐完成，最终完成终极目标。在这个连续性的过程中，由于不同的年级、年龄段的教学内容不一样，所以在制定教学目标时又有不同的侧重点。

②层次性

层次性是教学目标的基本特点，任何目标的完成都不可能一蹴而就，都属于一个循序渐进的过程，每个层次的要点和规律都不相同，因此，只有将低层次的基础完成好，才能保证更高层次的发展。

③可操作性

教学目标的制定不能是一个空架子形式，应当合理考虑到在实际教学中的可操作性与可行性，若超出实际情况，教学目标的制定也只是虚有其表，毫无意义的。其具体的可操作性需要考虑到教师的水平、学生的接受能力、环境场所的限制、体育器材的完善等。

2. 体育教学目标制定的内容

（1）体育教学目标制定的程序

①对高校体育教学对象进行分析

学生的学习成绩、学习态度与体育教学目标之间的差距，即为学生的学习需要[①]。对高校体育教学对象的分析就是对学生的学习成绩及其他需求进行分析，通过这种细致的分析有助于制定出更具有针对性，更完善的教学目标，帮助学生在自己的能力范围内更好地完成体育运动。

②对高校体育教学内容进行分析

体育教学目标的制定与教学内容息息相关，教学目标的制定正是以教学内容为依据，不同的教学内容所制定出的教学目标也有所不同，其呈现出来的特点与功能也不相同。

③编制高校体育教学目标

体育教学目标是体育教学活动实施的标杆，是作为评价机制的重要依据，通常情况下，编制高校体育教学目标是以围绕高校教学内容的某个“章节”或者某个“单元”为中心，从而制定出具有可调控性、可操作性、导向性、指引性的教学目标。

（2）体育教学目标制定的要素

①明确目标的行为主体

体育教学目标的行为主体是学生，教学任务的主体是教师，其实现的结果是通过分析教学的变化，最终完成体育教学目标。

②准确使用行为动词

体育教学目标应采用行为动词描述其体验性目标及结果性目标，以便区分学习结果的层次性。

---

① 胡亦海 . 竞技运动训练理论与方法 [J]. 北京 : 人民体育出版社 . 2014.

③规定学习条件

信息条件、情境条件、环境条件是高校体育教学的基本学习条件。信息条件是指获取或传递信息，如通过视频或广播等方式获取与体育相关的健康知识；情景条件是指人与人之间产生的情感环境，如同学之间的相互关心和互助；环境条件则是指一定的物质条件，如体育场所的环境设施等。

④说明预期结果

不管其制定的目标具体为何，其中必须要包括对学习行为以及学习结果应达到的程度的规定。

（3）体育教学目标制订的注意事项

①高校体育教学目标具有教育价值

不论在哪一门学科的教育过程中，教育价值都是一条基本规律，体育教学的教育性价值主要体现在两个方面：

首先，体育教学活动所涉及到的每一项活动内容都是在一定的任务、原则、要求下完成的，其中有些技术动作的完成是需要学生克服一定的困难的。同时，体育教学中的环境、条件、方法等，都会成为对学生的有利吸引力，学生会在潜移默化中自觉地接受，可以促进学生良好的思想品质和个性品质发展到学习和生活中去，从而体现出体育教学的价值性。

其次，在体育教学中，学生会处于一个身心较为放松的状态，学生内在的情感和思想很容易在体育活动中展现出来，有利于教师及时把握学生的个性特点，从而对学生做到因材施教。在体育教学中，进行思想品德教育的内容也是极其丰富的，如培养集体荣誉感、培养团结有爱的思想意识、培养坚韧不拔的意志品质等，这些都是体育教育的价值表现，根据这一教育价值，使体育教学目标的制定做到有的放矢。

②高校体育教学目标应充分考虑学生的实际

学生是体育教学目标中的主体，所以在制定高校体育教学目标时，应当充分考虑不同学生的实际情况，以学生为中心，满足学生的学习需求，制定与学生能力相当的教学目标，将体育教学落到实处，让学生能在科学的教学体系中展现自我，发挥体育教学目标的最终成效。

③高校体育教学目标应找到学生与内容的结合点

在制定教学目标时，不能片面地以学生为主或以教学内容为主，一套完整且科学的教学目标应当是将二者紧密相连，找到一个适当的切入点，让学生与内容相结合，既能满足学生的学习需求，又能使学习内容得到有效发挥。

④高校体育教学目标应注意及时调整

体育教学受诸多外在因素的影响，所以体育教学的过程也是一个多变的过程，发生变化的原因也是多种多样，有环境变化造成的，有学生个人原因造成的，还有天气原因造成的，等等。因此，在这种多变的情况下，高校体育教学目标的制定就不能固守陈规，而是应该根据变化及时地对教学目标进行调整。

第三节　体育教学的性质及功能

一、体育教学的性质

性质指的是事物本身特有的与其他事物相区别的属性，因此我们通过观察分析事物的性质来区分两种不同的事物。同理，体育教学与其他学科教学的最本质的区别就是教学性质。体育教学的性质一般表现为以下几点。

（1）体育教学以具体实践为主、理论指导为辅，教学内容多为竞技体育，因此人际交往较为频繁。

（2）在体育教学过程中，体育教师与学生都要承受一定的运动负荷和心理压力。

（3）体育课程以室外教学为主，但如果遇到雨雪天气，可以将教学地点转移到室内。

(4) 体育教学注重学生自身的实践，而教师主要负责指导。

(5) 体育教学主要发展学生的运动智力和身体素质。

与其他理论性学科不同，体育教学注重具体实践，学生要想真正地参与到体育课程之中，就必须要进行实践活动。在现代体育教学中，最重要的教学形式是体育运动技能教学，当学生充分了解并掌握相关的体育运动技能时，他就完成了体育课程的学习。除此之外，体育课程的教学方法也与其他学科不同，教师先对某个运动技能进行讲解，使学生能够大致了解该运动技能的情况，然后教师进行动作示范，示范完成后再安排学生进行练习。在学生练习的过程中，教师还要根据学生的表现调整教学进度，直到学生完全掌握这项运动机能。一般体育教学过程可分为认知阶段、练习阶段、完善阶段等，其中在认知阶段，学生能够了解体育运动技能的大致情况，例如该技能的力量、速度、结构等。体育运动技能操行性较强，学生可以通过反复练习体育运动技能来掌握这项技术动作并提高自身的体质健康水平。

综上所述，体育是一种具有较强实践性的学科，其本质属性就是实践性，而体育课程的教学目标就在于使学生能够将所学的运动知识转化为具体的实践行为，并养成一定的运动健身习惯。

二、体育教学的功能

体育作为学校教学体系的重要组成部分，不仅综合了生物学、心理学、医学等多个学科的知识，还能够在教学的过程中锻炼学生的身体和增强学生的体质。除此之外，体育还能帮助学生树立正确的价值观念，促进学生身心健康发展。总而言之，体育教学的功能主要包括健身功能、健心功能、知识传播功能、技能发展功能、文化传承功能以及美育功能。

（一）健身功能

健身功能是体育教学最基本的功能。学生在学习体育运动技能的过程中，能够不断增强自身的体质和提高自身的健康水平。在实际教学过程中，体育教学的健身功能具体表现为以下三个方面。

（1）促进学生身体发育。对于青少年而言，他们正处于身体发育的关键期，坚持进行体育健身运动，能够促进身体对营养物质的吸收，从而促进身体健康发展。青少年身体的可塑性较强，针对性的体育教学有助于促进青少年身体形态的正常发育，其中包括养成正确的站姿、健壮的体格、匀称的体型。例如，学生经常参与篮球运动能够有利于自身的骨骼发育，从而促进学生的身高增长。

（2）提高身体机能水平。学生经常参与体育锻炼，能够改善自身神经系统，使其更具有灵活性和均衡性；能够增强自身心脏活力，加快其新陈代谢的速度，改善身体各器官系统的功能水平；能够加强骨组织的血液循环，使骨骼更加强健。不仅如此，在锻炼的过程中，学生对疾病的免疫能力、对环境的适应能力等能力都在逐渐增强，从而提高了整体的身体素质水平。以上都说明了体育锻炼能够提高学生的身体机能水平，促进自身的身体健康发展。

（3）全面发展身体体能。在体育教学过程中，学生可以选择不同的运动项目来提高自身不同方面的能力，其中包括心肺耐受力、肌肉耐力、身体灵活性、身体平衡性、身体柔韧性等，从而使自身的身体体能发展更加全面。但值得注意的是，学生必须要长期坚持体育锻炼，暂时性的体育锻炼效果不明显。

（二）健心功能

体育健心功能指的是学生通过体育锻炼发展自身的认知能力、完善自身的性格、增强自身的意志品质等。换言之，体育锻炼不仅能够提高身体素质，还能促进心理健康。心理健康作为一项重要的健康指标，对学生的个人发展具有深远的影响，因此学生必须要重视自身的心理健康。在实际教学过程中，体育锻炼的健心功能主要表现在以下几个方面。

（1）调节心理，平和心态。竞技体育是体育教学中的重要组成部分，学生在参加竞技体育运动项目时，会不断地面对成功与失败，从而使自身的情感体验更加丰富。在体育教学过程中，失败更能够锻炼学生的心态，能够培养学生面对逆境时的从容与淡定心理，从而总结失败经验，更好地迈向成功。当真正成功时，学生也要做到戒骄戒躁，因为只有淡然面对失败与成功的人，才能够不断取得成功。

（2）愉悦心情，缓解压力。根据相关研究显示，参加体育锻炼能够加快人体内激素的分泌，其中内啡肽分泌的增多能够使人们心情更加愉悦。对于学生而言，经常参加体育锻炼能够缓解学生的学习压力，放松学生的身体和心理，从而更好地进行学习活动。

（3）促进交际，完善人格。人们可以通过参加体育运动来加强自身的人际交流能力，从而完善自身的人生观、价值观、世界观、交友观等。对于学生而言，他们各种价值观念相对薄弱，因此要适当进行体育锻炼来完善自身的人格。在体育教学中，大多数体育项目都具有一定的团队竞技性，需要团队成员的默契配合才能取得成功，因此体育教师可以利用学生的好胜心，使学生能够充分认识到团队协作的重要性，从而形成一定的团队意识。学生作为体育运动团队中的一员，他们要取得成功必须要通过有效的沟通交流，综合各方利益从而达成共识，这样做有利于协调学生之间的人际关系，从而形成顾全大局、运筹帷幄的意识。

（4）锻炼意志，修养品德。学生在学习体育运动技能的过程中，会不断增加自身的身体强度，这对锻炼学生的意志具有重要的作用。另外，学生在进行体育锻炼时必须要遵守体育运动项目的规则，从而在参加正式比赛之前形成遵守规则的意识，并将它运用到日常生活中。在正式的体育比赛过程中，如果运动员忽视运动规则，那么他将会被取消参赛资格或无法取得比赛胜利。在体育教学过程中，学生还要懂得关心同学和尊重比赛对手、比赛裁判，从而形成正确的竞技观，提高自身的思想道德修养。

（三）知识传播

知识传播是教育最重要的功能之一。古人认为教师要做到“传道授业解惑”，也就是说要做到传道、授业、解惑三者并驾齐驱，才能算得上合格的教师。对于体育教师而言，“传道授业”指的是传播体育知识，而“解惑”指的是解答学生在体育教学过程中存在的疑惑。

与其他学科的教学不同，在体育教学过程中，体育教师主要通过锻炼来改造学生的身体，从而完成教学工作。从“教”和“学”的角度来看，体育知识实际上是一种身体上的知识，并且这种知识会随着时代的发展而不断发展。例如在原始社会，身体知识主要表现为人类捕获猎物或逃避猛兽追捕的动作，包括走、跑、跳、投、打等。随着时代的发展，人类的行为越来越文明，身体知识主要表现为具体的体育运动知识和相应的体育运动技能，如篮球运动、足球运动、体操运动等。体育教师综合运用科学理论和具体实践来进行传播体育知识，使学生不仅能够学习与体育相关的各种学科知识，还能够提高自身的体质健康水平，并在一定程度上加强了学生的体育参与意识，从而让学生积极主动地参与到体育运动训练当中。

（四）技能发展

在体育教学过程中，体育教师通过科学合理地设计和实施体育教学方案来帮助学生学习和提高体育运动技能。在原始社会中，体育运动技能就是指狩猎和采摘相关的生存技能，包括走、跑、跳、投、打等动作，从而维持自身的生存发展。随着社会生产力的不断提高，人们对体育运动技能的要求逐渐放松，目前主要体育运动技能是指各种球类、田径、武术、游戏等运动项目的运动技巧。对于学生而言，学习这些体育运动机能的最好方式就是参加体育课程。

在体育教学中，运动技能不仅是主要的教学内容，而且是具有重要影响作用的教学内容。现阶段，在高校体育教学过程中，体育教师主要是以体育教学内容为依据向学生传授体育知识与相关技能。除此之外，体育教师还会经常组织相关的实践活动来帮助学生学习这些运动技能。体育教师在进行体育教学时，主要是传授具体的运动技术，包括篮球运动中传球技术、投球技术、抢断技术等，而学生不仅仅要充分了解运动技能相关的理论知识，还要经常进行运动技能练习。对于学生而言，不断重复地练习运动技能，能够在大脑中逐渐形成对该运动技术的表象反应，最终形成看到与运动技能相关的动作就能够下意识地做出反应进行回应的能力，从而促进各项体育运动技能的提高与发展[①]。

（五）文化传承

体育教师在教学过程中为学生传授体育知识和运动技能是为体育文化的传承而服务，因此体育教学的最终目的不仅在于教会学生正确的体育运动方法，还在于传承体育文化，从而对学生的身心发展产生积极影响。

体育教学并不是对一些动作的简单模仿，而是体育教师通过体育教学来教育学生，使学生能够充分了解体育运动的内涵。因此，传承体育文化就是指体育教师通过教学活动向学生展现和传授体育教学内容的文化内涵[②]。

传承体育文化是一个持续时间较长的系统化的过程，会对学生未来发展造成一定的影响，从而对社会发展造成一定的影响。而学生传承体育文化最主要的途径就是参与体育课程。对于学生而言，要完整地传承体育文化，就必须要经历不同阶段的体育教学，从不同阶段的体育教学中学习不同运动知识，从而使自身所学的运动知识与运动文化更加完善。在实际教学过程中应从以下两个方面着手：其一，确保体育课教学内容之间的连贯性。在学校教学体系中，体育课程的安排较为分散，导致学生无法连续地学习体育课程，因此需要在上新的体育课之前先复习上节课所学的体育运动技能，从而使学生能够更好地学习到完整的运动技能；其二，保证不同阶段体育教学的可持续发展。体育教学与其他学科教学不同，是一种由每周两至三节课时的体育课组成的教学计划，不同课时之间的间隔时间较长。体育教师可以根据不同的教学周期将体育课程分为课程教

---

① 周登嵩 . 学校体育学 [M]. 北京：人民体育出版社，2005.

② 唐宏贵 . 体育健身原理与方法 [M]. 武汉 : 湖北人民出版社 , 1999.

学、周教学、学期教学以及学年教学等多个部分，还可以按教学阶段分为小学体育教学、初中体育教学、高中体育教学和大学体育教学，最终将不同阶段的体育教学统一起来，帮助学生充分了解体育文化的体系，从而更好地进行体育文化的传承工作。

现代教育强调学生在课堂中的主体作用，这为体育文化的传承提供了新的思路。在体育教学过程中，体育教师必须要重视学生的主体作用，围绕学生来制定教学计划和教学方案，从而最大限度地实现体育文化的传承。教师是体育文化的传播者与引导者，而学生是体育文化的传承者，只有通过传承和创新体育知识、技能和文化，才能不断丰富和发展现代体育文化，从而促进人类社会文化的发展与进步。

（六）美育功能

体育蕴含着丰富的美，不同的体育运动项目能够展现不同类型的美，其中静态的人体造型与动态的运动节律都能够体现出体育的美以及人们对美的追求。体育运动不仅在运动过程中展现了体育的“美”，而且在运动结束后也展现了体育的“美”。在实际教学过程中，体育教学对学生的美育功能主要表现为以下几个方面。

（1）在体育教学中，学生通过积极参与体育运动来锻炼自身身体，从而使自身的身体形态发生一定的改变。与参加运动之前相比，学生能够获得美的身材与形体。

（2）在体育教学中，体育教师会经常组织体育竞赛，学生通过自身的努力而赢得最终的胜利，其内心则会获得极大的满足。

（3）在体育教学中，体育教师会通过自身的专业知识来提高学生的专业能力，从而提高学生的审美意识与审美能力。学生在接受系统化、科学化的体育训练之后，能够树立正确的审美观，不仅是对运动者的形体的审美、运动技能的审美，还包括对运动者体育竞技精神的审美。学生在欣赏别人的同时，也对自身提出更高的要求，从而深化自身对审美的理解，提高自身的美学素养。

第四节　体育教学的基本原则

一、体育教学原则的概念

体育教学原则是体育教学过程中必须遵守的要求和规律，是人们在长期的体育教学实践过程中所总结出的宝贵经验，是人们对体育教学规律的认识和掌握。其中主要包括三方面的含义，第一，体育教学原则最具有体育教学的特征；第二，体育教学原则是体育教学的基本；第三，体育教育环节中的任何人都应当严格遵守。

二、体育教学原则的体系

构成体育教学原则的因素是多方面的，大致由政治、学科体系、教法学理、教学工作、学生发展五大因素构成，各个因素无法单独存在、单独完成，相互之间共同促进，相辅相成，具体如表 1-1 所示。

表 1-1 体育教学原则的因素与范例

教学原则的几个因素	范例
政治因素与要求	教学的科学性，以及生活实践和共产主义建设实际相联系原则、教学的目的性原则、思想性原则
学科体系因素与要求	有序性原则、结构原则、科学性和思想性统一原则
学生发展因素与要求	启发创造原则、因材施教原则、引发动机原则，知道结果原则、启发诱导原则、可接受性原则，激发学生的认识兴趣和知识需求的原则、积极性、自觉性、独立性原则、量力性原则

续表

教法学理因素与要求	理论联系实际原则、积累与熟练原则、反馈调节原则、程序原则、直观性原则、有意识和无意识协调统一原则、及时反馈原则、教学的系统性与连贯性原则、教学成果的巩固性与效用性原则、循序渐进原则
教学工作因素与要求	教学整体性原则、师生协同原则、教学最优化原则、各种教学形式最优结合的原则、各种教学方法最优结合的原则，为教学创造最优条件原则、教学过程最优化原则

从表格中的详细分析可以看出，为保障体育教学的有效实施，就必须要对每个环节进行充分的定义，明确每个环节的任务与目标，循序渐进，以便于体育教学的整体目标顺利完成。

三、目前我国基本的体育教学原则

目前，我国高校的体育教学基本原则是从历年来的教学实践中总结而来的，总的来说，是对我国体育教学规律的一种把握和认识，通常表现在以下几点。

（一）不断体验运动乐趣原则

体育运动的乐趣在于它是一个不断超越自我的过程，人们身体的潜能在运动的过程中不断被激发，是一个视自己为对手，不停向前进步的比赛。在体育教学中，以学生鲜明的个性特点为依据，为他们制定了轻松愉悦的体育活动，让学生从中体验运动的快乐，激发对运动的积极性，引导学生真正的热爱运动，养成运动锻炼的良好习惯，并最终发展成为终身爱好。

在体育运动中身心得到放松，心情获得愉悦，这是在体育过程中，体育给我们带来的益处，体育教学是学生在其他繁重的学科外的一种调剂，为学生紧张的大脑做一个舒缓，具体来说，加强高校体育教学的运动乐趣可以从以下几点着手。

1. 让学生不断获得成功的运动体验

有相关研究表明，在能力相当的情况下，最后的成绩高低取决于动机激励的高低。因此，在体育教学中，激发学生的热情是非常重要的，而培养学生在体育运动中获得一定的“成功感”，体会到成功的愉悦情感体验，能够使学生获得更多的自信，让其对体育运动更具有积极性，从而自觉、自主地参与到体育活动中去。

2. 开发多种有利于学生体验运动乐趣的教学方法

教学方式的多方面开发更能让学生体会到体育的乐趣，如以游戏的形式进行体育活动，让学生相互之间分组、分队进行比赛、PK等，让体育活动更加情景化、游戏化、娱乐化，使学生在娱乐的过程中学习体育知识。

3. 正确对待和理解运动乐趣问题

体育运动中活动项目的趣味性通常是来自运动本身的特征，在高校的体育运动中，很多具有乐趣性的运动项目没有得到重视，老师也没有做到有针对性地开发，所以，高校体育教师应当以学生的需求为主，用合理的教学方式将体育活动内容进行趣味性开发，激发学生对体育运动的热情和积极性。

（二）不断提高运动技能原则

不断提高运动技能原则就是指由简到难地将学生的体育技能进行提升，先为学生打下坚实的体育基础，再循序渐进地提升学生的运动技能。体育教学原则本身就是以学生为主体的身体运动教育，所以在培养学生的体育意识与能力时，既不能忽略基础知识，又要不断提高运动技能，帮助学生培养终身体育能观念。

（三）时时保证安全环境原则

体育学科不同于其他学科的学习表现在其他学科是在室内进行，体育活动是一种在室外的活动，且通过走、跑、跳、跃、投等身体的活动来达到身体练习过程。所以保障环境的安全，就是保障学生的安全。与此同时，也要让学生自身意识到安全的重要性，加强学生在体育运动中的安全教育，具体可以做到以下几点。

1. 加强学生自我安全意识

加强安全意识最主要的是从学生自身做起，体育活动空间大、活动量大，同时还会接触到很多运动器材，如标枪、铅球、球拍、单双杠等，所以为了安全，学生自身应当尽量做到在衣服上不要别胸针、校徽；随身不要携带刀具、钥匙等尖锐物品；不佩戴各种金属或玻璃装饰物；头上不戴发卡；戴眼镜的学生不要在体育运动中佩戴眼镜；尽量穿着宽松合体的衣服，不宜穿戴纽扣、拉锁、金属装饰品过多的服装，等等。

2. 经常对学生进行安全教育

学生自身意识到安全性后，学校再进行密切的配合，首先加强对学生的安全教育，从口头上向学生讲解与运动有关的安全知识要领，强调需要注意的安全事项，培养学生安全防范的自主性、自觉性。

3. 建立安全运动规章制度

安全运动规章制度的建立是给学生创建一个安全、健康的教学环境，教师和学生都要严格执行。一方面，学生在体育课上遵守纪律，牢记安全事项，听从老师的安排和指令；另一方面，教师严格执行体育运动中的安全规章制度，留心观察学生的身体状况，如发生意外情况时，及时安排学生就医，同时上报学校，通知班主任和学生家长。

4. 制定防止伤害事故预案

在对安全事故做出提前教育和规范后，在实际的体育运动中，教师还可以对课堂中有可能发生的安全事故进行预测，同时对预测的安全事故做出相应的解决方案，防止事故真正发生时出现现场慌乱的情况，培养教师具备在事故现场第一时间做出应对，及时处理现场的能力。

（四）不断积淀运动文化原则

不断积淀运动文化原则，主要是指教师通过各种方式和手段，不断深化和提高学生对各种优秀运动文化的认知与领悟，促进其对体育运动的了解和掌握，并通过不断的运动实践使其不断积淀运动文化素养，从而将运动文化传承下去，做体育文化传承的接棒人[①]。要彻底贯彻落实这一原则，应做到以下几点。

1. 提高学生学习运动文化的积极性与主动性

在高校体育教学中，为了让学生汲取更多的运动文化，教师可以从多种途径传达，比如组织学生观看国内外重大的体育赛事，促进学生对体育的认知和了解，同时开发学生对某些运动项目的兴趣。

2. 开发有利于学生运动认知的教学手段

加深学生对运动文化的认识，教师还可以从教学手段入手，向学生传递各种体育文化知识，由传统的口头传达、文字传到、书籍传达转变为电子视听传达、多媒体网络传达等，充分将现代电子技术运用到体育教学中，以全新的方式帮助学生开启一个认知体育文化的全新视角。

3. 创造丰富多彩的运动文化氛围

学校环境是服务于教学目的一种教育环境，良好的教育环境能对学生的身心起到潜移默化的作用。在高校体育教学中，为学生营造一个良好的体育文化氛围，就是提升学生对体育文化的认知。例如在校园的宣传栏可以张贴各种球类赛事，在班级黑板报可以多以体育为内容，在校园广播时可以对热门赛事的进程进行转播，等等。通过这种外在的体育运动影响，在学校形成一个良好的运动文化，加深了学生对体育文化的认知水平。

（五）不断提高集体意识原则

体育活动是一个多人参与互动的过程，加强学生的集体意识，有助于加强学生对集体或团队的认同感，同时让自己更加具有归属感。为了进一步提高学生在体育运动中的集体意识，就需要做到以下几点。

---

① [德] 诺尔特·M. 西尔，[荷] 山尼·戴克斯特拉主编，任友群，杨蓓玉，王海芳等译. 教学设计中课程、规划和进程的国际观 [M]. 北京：教育科学出版社，2009：168.

1. 提出共同的学习任务

在体育教学中，有一部分体育活动是需要分组、分队进行比赛的，教师会对此进行不同的任务安排，但是为了培养学生的集体意识，教师可以选择一些需要学生共同完成的体育活动，提出共同的任务，增强学生凝聚力，让学生以集体为中心，共同完成任务目标。

2. 充分挖掘学校体育教学活动中的集体要素

集体是一个群体，集体中的每一个成员都会根据自己的能力水平在一个集体中各负其责，最终完成集体目标。大致来说，体育教学活动中的集体要素包括领导核心、活动场所、目标定位、职责划分、规则纲要、团队意识。集体要以学生为主体，将这些基本要素进行充分的拓展，运用到具体的体育活动中去，才能从根本上培养学生的集体意识、团队意识。

3. 学校体育教学分组的合理架构

体育教学的分组就是为了完成一个整体性的集体目标，分组就是对一个集体中的每个学生进行任务划分，每个学生以一个局部为单位，各个局部逐步完成，最终从整体上完成集体目标，这就是高校体育教学分组的合理架构，其既能保障集体任务顺利完成，又能让学生从中学会承担自己相应的责任。

（六）不断提高身体素质原则

在现代的社会发展中，患病人群年轻化趋势严重，所以在现代人的理念中，越来越重视身体素质的提高，因此，我们加强国民身体素质就应当从青少年抓起，全面提升高校学生的身体素质。

1. 激发运动兴趣

除了用各种不同的运动内容去激发学生对体育活动的兴趣外，在拥有先进现代信息技术的条件下，可以运用多媒体手段，使教师的教学画面更加立体化，极大地增强了体育知识的直观性，让学生更加乐于接受这种教学方式，再通过教师加以诱发，充分调动学生的视听器官，激发学生对体育运动的兴趣。

1. 合理安排身体活动量

体育教学过程中会对学生进行一定的运动负荷刺激，所以教师在进行体育运动安排时，应当考虑到学生年龄段差异、性别差异，根据不同的体育内容，合理地安排身体活动量，若超出身体活动量，不仅达不到锻炼身体的效果，反而会对身体造成很多危害，如嗜睡、食欲不振、长期不能消除疲劳感等。

2. 身体活动量的安排要服从学生的身体发展状况

合理地安排身体活动量，主要从活动形式、强度、时间、频度、总量出发。有健康专家推荐成人每日的身体活动总量应达到 6000 步～ 10000 步。例如以“千步当量”为计算单位，一个人在一天中中速步行 20 分钟，就相当于产生 2 个千步当量，拖地板 12 分钟，相当于 1.5 个千步当量，站立 10 分钟，相当于 0.5 个千步当量，那么他的身体活动量总计为 2+1.5+0.5=4 个千步当量。

但是每个人的身体体质状况各不相同，个人的生活习惯也不相同，所产生的运动量也不相同。尤其对于高校学生来说，其活动场所和活动时间有限，所以教师在安排身体活动量时，需要考虑多方因素，不仅要掌握学生之间的差异化在哪里，还要根据不同运动内容的特点进行针对性的安排，从而满足学生每日的身体活动量，达到一定的教学效果。

3. 身体活动量的安排要服从学校体育教学目标

高校体育教学目标的完成是依据学生身体的活动量进行安排，所以为了完成体育教学目标，教师必须为学生制定出一定量的身体活动量，但是也不能为了完成教学目标而盲目地、脱离现实地去加大学生的身体活动量。

第五节　我国高校体育教学的现状与发展情况

一、我国高校体育教学的现状

20 世纪 70 年代，联合国教科文组织对现代教育提出了适应社会发展和需要的人才培养要求，即“健全的体魄，高尚的道德情操，丰富的科学文化知识”，第一次在对人才的评价标准中，将体魄健全视为“三育”教育中的首要标准之一。由此大大强化了体育教学在教育体系中的重要作用，更广泛地引起了人们对体育教学的重视。各国也先后不同程度地展开了对体育教学内容、教材和教法的探索与改革。其中，日本的“快乐体育”、运动素材转变为体育教材的结构研究和小集团教学法研究等，将体育教学和人格、个性培养的内在联系，提高到了一个崭新的知识起点，引导着体育教学由简单的动作技能传授，向促进人的身心和谐与健全的方向发展。

纵观我国高校的体育教学发展，已经初步取得了良好的表现，但若是对其教学内容进行深究，仍能看出不少问题，所以，为了使高校体育教学在未来的发展中越来越稳，还需要做出不懈的努力。以下是目前我国高校体育教学所呈现出的较为突出的问题。

（一）体育教学目标不准确

随着我国社会的不断进步，以及我国教育事业的不断完善，建立一套科学、规范的体育教学目标势在必行，但目前我国许多高校并没有制定出关于体育教学的目标计划，都是按部就班地、随意地对学生进行体育活动安排，使教学标准大大降低，严重影响了体育教学质量。

（二）教学工作质量下降

体育教育是我国教育事业的重要组成部分，我国社会上也出现了许多与体育相关的热词，如“终身体育”“个性发挥”“全民健身”等。特色不突出是目前我国高校体育教学普遍存在的问题，学生不仅无法在体育活动中进行个性发挥，也没有将体育发展看作一项终身运动，皆因为大多数高校在进行体育教学时缺乏教学重点，没有全面性的计划，缺乏管理等，使高校体育教学的质量无法得到提高，体育教学事业发展因此受到阻碍。

（三）教师综合水平不高

教师是体育教学活动中的主导者、组织者，学生从事体育活动离不开老师的引导、管理，但经过相关调查发现，高校体育教学发展停滞不前，很大一部分原因在于教师。首先，许多体育教师缺乏现代的科学教学经验，教育形式单一，脱离了新时代学生的身心需求，没有用超前性的眼光去改革教学方式；其次，一部分教师的事业心不强，安于现状，工作积极性不高，没有想要在体育教学中寻求创新和突破，严重地影响了体育教学质量；再者，一些较为年轻的体育教师在自身性格发展上没有完全成熟，年轻气盛，这与正处于青春期的学生来说极易发生矛盾冲突，所以师生关系处理不当也成为体育教学的阻碍。

（四）学生自身的体育意识淡薄

在传统的思维观念中，家长一般重文化而轻体育，中国的家长普遍将文化成绩作为衡量学生好坏的重要标准，致使学生也一门心思地投入文化课，忽略了体育锻炼对身心的帮助，并认为体育课是在浪费学习时间。另外，现在的高校学生大多为家中独生子女，成为父母的掌上明珠，随着人们生活质量不断的改善，学生在家庭中被家长极度呵护照顾，所以学生在体育运动方面，缺少吃苦耐劳、顽强拼搏的精神，认为体育课上的体育运动太累，没有耐力，纪律性差。

（五）场地设施严重缺乏

近年来，我国大力倡导“全民健身”活动，各种健身器材应用于人们的生活中，但是纵观我国高校中的场地设施却极为不理想，许多设施陈旧、简陋、破损，无法开展体育活动，尤其对于一些较为偏远地区的高校来说，单双杠、体操垫、篮球架、沙坑、田径场等比较匮乏，直接影响了教师和学生在进行体育活动时的情绪，其教学效果也无法获得良好的成效。

（六）传统教学思想的制约

受传统的教育思维的约束，人们大多注重文化课给学生带来的知识补充，对体育教学的认识还不够全面，认为体育是一门可有可无的学科，即使学也学不出名堂，甚至会影响文化课的学习，这大大限制了体育教师的教学施展。殊不知，任何教学都是具有教育性的，体育教学不仅有利于学生身体素质的提高，在心理、思维、情绪方面上，学生也能受益匪浅。

二、我国高校体育教学的发展

我国的高校体育教学起步较晚，但是在现代社会的快速发展前提下，国家对教育给予了相当大的重视，各类学科都逐渐发展起来，体育也拥有了广阔的发展前景。通过历年来高校体育的发展可以总结出，体育教学观念的转变、提升体育教学师资力量、满足学生身心发展需求，是高校体育在未来发展中创新的关键点。与此同时，要在体育教学中不断向学生灌输全面健身、终身体育的观念意识，帮助他们增强身体素质，促进他们的心理健康，提高他们的社会适应能力，全面发展，成为未来社会主义的建设者和接班人。具体来说，新时期下，我国高校体育教学的发展趋势有以下几方面。

（一）更加重视发展高校学生的健康素质

高校学生活动场所有限，所以要想增强学生的身体素质，通过体育课进行身体锻炼是最行之有效的途径，我国高校体育教学也应始终坚持在“健康第一”“身体第一”的基础上进行体育教学。

1. 提高学生的体质健康水平

党的十八大以来，教育部贯彻实施习近平总书记的重要讲话，深化学校体育教学改革，保持正常的体育课时和运动负荷，让每个学生都能得到充分的锻炼，并将体育发展成为一项终身受益的项目。高校体育教学也应当以此为宗旨，全面提升学生的体质健康水平。

2. 提高学生的心理发展水平

当代社会人才竞争激烈，难免使一部分高校学生产生一定的心理压力，还有部分学生也同样面临着升学压力等，若没有一个正当的途径进行排遣，将为他们日后的发展带来极为消极的负面影响。同时，若心理健康不能得到健康发展，其身体状况水平也会同步下降。所以只有保障学生的心理在各个方面都保持一个良好的、正常的状态，学生才能表现出性格的完美、智力正常、认知正确、情感适当、意志合理、态度积极、行为恰当、适应良好的状态。更有心理专家预测，在未来的社会发展中，心理疾病将严重危害青少年的身体健康。在世界卫生组织对许多国家的调查研究中证明，在全世界的人口中，每时每刻都有 1/3 左右的人有这样或那样的心理问题。在中国，最新一次全国 4 ～ 16 岁少年儿童心理健康调查发现，中国儿童的心理和行为问题的发生率高达 13.9%。有关部门还对中、小学生做了一次抽样调查，结果发现，中学生中有 2/5 左右的孩子有不同程度的心理障碍。这些数据表明，青少年成长过程中出现的心理疾病较成人更为严重。

所以在当今社会发展竞争激烈的状况下，教师除了注重对学生知识点的教育，还应当及时为学生做出心理排遣，重视高校体育教学就是重视学生的心理健康发展，在适当的体育活动中，学生的心理也是出于一个放松、良好的状态，可以有效地将学生在其他学科学习中的压力进行释放。

3. 提高学生的社会适应能力

一个人的社会适应能力是他能否处于良好的健全状态的关键。有人把体育课堂称之为“课堂社会”，把体育精神视为现代社会精神的缩影。因为，体育的实质从社会文化的视角来看是对社会生产和社会生活的一种模拟[①]。因此，重视学校体育对提高我国高校学生的社会适应能力十分重要。

---

① 党玮玺，张学忠新一轮体育课程改革：理想与现实的对立 [J]. 体育学刊，2010.

（二）高校体育的课内外与校内外一体化

将高校体育课内外与校内外一体化是推动我国体育教学方法的一条新的途径，主要表现在以下几个方面。

1. 大课程观的确立

为实现课程目标，在教师组织指导下一切课内外活动的总和，即为课程[①]。在不同的时代，存在不同的课程观，甚至是相对立的课程观，而形成一个大的课程观正是为体育课内外与校内外一体化奠定基础。

新一轮的体育课程改革是“从大课程观出发，将体育的课堂教学与课外、校外的体育活动包括运动训练纳入课程之中，形成课内外、校内外有机结合的课程结构”[②]。因此，大课程观的确立是为了满足体育教学的需求，在确立之后，不能成为一个空的外壳，教师应当严格贯彻实施，将目标实现在实际的教学环节中，开展丰富多彩的体育活动。

2. 增进学生健康的需要

生命在于运动，高校学生坚持进行体育活动，加强体育锻炼，与自己体质息息相关。但通过体育锻炼改善身体体质并不是一蹴而就的，而是需要长期的积累，对于高校学生来说，就意味着在学校进行次数过少的体育活动是远远不够的，不能对学生的身体体质起到质的改变。因此，为了增进学生身体健康，教师还应当在课外时间为学生创造更多的体育实践活动，形成课内外、校内外一体化。

3. 课程资源的开发和利用

课程资源的开发和利用，需要教师形成对课程资源开发和利用的素养，把握课程资源开发的方式方法和具体步骤，这是为了更好地适应课内外、校内外有机结合的课程结构需求。

首先，教师应当具备课程资源开发和利用的基本意识，考虑到

① 萧浩辉 . 决策科学辞典：人民出版社，1995.

② 刘豪兴、徐珂 .《社会学概论》. 河北省：外语教学与研究出版社，2012-08：47-47.

课程资源开发对体育教学所能起到的帮助作用，以及开发利用后对体育教学所产生的价值和意义，只有形成了初步意识，才有可能具备良好的课程资源开发和利用的能力；其次，不同的教师对于课程资源的开发与利用都会呈现出不同的价值取向和教育观念，课程资源最终开发和利用得出的结果也不相同，所以，教师在对课程资源进行开发和利用时，应时刻注意客观立场，不以主观意识进行开发和利用，应当以课内外、校内外为前提进行课程资源的开发和利用。

（三）高校体育朝着多样化的方向发展

1. 学生个体体育需要的多样性

在高校体育教学中，学生所呈现出的个体差异化导致每个学生对体育活动的需求也各不相同，有的为了锻炼身体，有的只是将体育作为繁忙学业的一种放松，有的为了达到身形的健美，有的作为一项休闲娱乐，还有的是为了调节自己的心理。因此，针对学生的个性需求，高校体育教学方式应当尽量以多样性方式进行发展。

2. 高校体育内容形式的多样性

如何将高校体育内容进行多样化呢？具体可以从以下方面作为参考。

（1）开设个体健身类的体育项目

高校体育活动内容一般是一些较为传统、固定的活动内容，如跑步、跳高、跳远等，为了体现高校体育内容形式的多样性，可以开展一些极具特色的体育内容，如健身、健美、越野跑、山地自行车等，这些项目同样具有较高的锻炼价值和娱乐价值，且校内外均可实施。

（2）开设富有时代特征的现代体育项目

现代化体育运动项目同样可以添加到高校体育活动内容中，如篮球、排球、足球、攀岩、跆拳道等，比较符合现在学生的需求，具有一定的挑战性，有利于学生的个性发展。

（3）开设休闲体育项目

开设与休闲类相关且娱乐性较强的体育项目，不仅能够使学生感到放松，身心愉悦，还能够以此培养学生的终身体育爱好，帮助他们在未来的生活和工作中，作为心理排遣的一种方式，如乒乓器、网球、羽毛球、台球、轮滑等。

（4）开设民族民间体育项目

体育与我们的生活息息相关，有不少民族民间体育项目一直在社会中被传承和发展，更是深受人们喜爱，若将这些体育项目添加到体育教学中，不仅能够丰富我国高校体育教学的内容，还能够让学生更加了解我国的民族传统体育，如武术、射击、跳竹竿、踢毽子、跳皮筋等。

3. 高校体育组织形式的多样性

通过对我国高校体育组织的调查总结，可以将其发展形势大致归纳为以下几种类型。

（1）体育俱乐部

俱乐部最早产生于 17 ～ 18 世纪，不仅世界各个国家都有自己的体育俱乐部，不同的高校也有属于自己本校的俱乐部，而在目前，我国高校的体育俱乐部正在逐步壮大，并成为高校体育的重要组成形式。

（2）体育社团

体育社团是由学生自行组织而成，具有自主管理、自主决策、自主组织活动的特点，高校的体育社团有的是为了提高自身或本校的运动技术水平而成立；有的是为了满足休闲娱乐或社交而成立；有的是为了更具代表性地参加各种校园竞赛而成立等。这种体育社团能够让兴趣一致的学生走到一起，相互交流、相互切磋，不仅能够提升自己参加体育活动的积极性和热情，还能够吸引更多其他的同学参加。

（3）非正式学生体育群体

非正式学生体育群体一般是由具有同样爱好的学生自发形成的，他们之间年龄相仿、活动时间较为一致，能够直接、面对面地进行体育活动，彼此之间没有制衡，没有固定的角色限制。高校体育教学中，若对这一群体加以重视和引导，必然能够为高校体育注入一股新的活力。

第二章　新时期高校体育教学研究的基本理论

一般认为，科学理论在实践活动中具有重要的指导作用，并且能够有效推动实践活动的发展。为了更好地推动高校体育教学活动的发展，本章从新时期高校体育教学出发，对高校体育教学研究的概念、意义、特点以及高校体育教学研究的内容、方法、条件等进行研究。

第一节　体育教学研究概述

一、体育教学研究的概念

体育教学研究指的是将体育教学实践中存在的问题作为研究对象，通过运用科学的研究手段和研究方法来揭示体育教学现象的本质，探索体育教学规律，逐渐提高体育教学的质量。在体育教学研究过程中，教师要通过运用不同的研究方式，分析与研究体育教学过程中的本质问题以及相关规律，并在这个过程中不断提高自身的体育教学质量，为学生提供更好的体育教学。

二、开展体育教学研究的意义

（一）有利于不断完善体育教学理论体系

在 19 世纪，我国就已经将体育教学作为重要的研究领域，随后由于新文化运动的开展，外来体育文化逐渐传入到我国，从而推动我国体育教学研究逐步科学化。直至现在，体育教学仍然是我国教学工作中重要的研究领域，同时也面临着新的挑战。

随着时代的发展，体育教学内容也在不断地更新。在体育教学发展的过程中，人们接触到了大量有关体育锻炼和运动训练的理论并进行了相应的创新，将一些理论和方法运用于体育教学之中。但从本质上看，体育教学与体育锻炼和运动训练存在一定的差异，因此由体育锻炼和运动训练演变而来的体育教学理论和方法并不能完全适用于体育教学之中，还需要不断进行调整与改进。在研究体育教学的过程中，教师要重视体育教学的特殊性，并不断完善体育教学理论和方法，从而更好地进行教学实践活动。

（二）有利于体育教学改革的发展

为了更好地适应社会发展的需求，我国正在不断加强高校课程与教学改革，其中包括体育课程，但是在实际教学过程中一直存在着体育教学理论研究不充分的问题，从而导致体育课程改革缺乏体育教学理论研究的支撑。我国大多数高校在体育教学过程中会借鉴国外经验，但由于缺乏对我国高校体育教学实际情况的考虑，会导致一系列的问题，如全盘接受、盲目排外、固步自封等问题，这些问题都会影响我国体育课程与教学改革的发展。因此只有开展体育教学研究，理性地分析与研究体育课程与教学改革存在的问题，对现有体育教学模式进行创新，才能促进体育教学改革的发展。

（三）有利于体育教师教学能力的提高

在体育教学过程中，教师的研究与教学工作都十分重要，能够提高自身的教学水平和教学质量。由于体育教学研究对提高教师教学能力具有重要的促进作用，因此会不断增强体育教师工作中的研究性，从而使研究型体育教师受到广大学生的喜爱。

体育教学研究有利于体育教师教学能力的提高，具体表现为以下几个方面。

第一，在体育教学过程中，体育教师发现问题、解决问题的能力会直接影响到研究工作的开展，从而影响体育课程的教学设计与实施工作。

第二，在体育教学过程中，体育教师经常研究体育教学实践中存在的问题，能够加深对体育教学的理解，从而不断创新体育教学实践活动。

第三，在体育教学过程中，体育教师积极进行体育教学的研究工作，能够提高自身的工作积极性，为学生提供更好的体育教学。

第四，对于体育教师而言，不断进行体育教学的研究工作，能够激发自身对未知知识的求知欲，从而更好地对已有教学方式进行创新。

第五，在体育教学过程中，开展研究工作不仅能够促进教师与教师、教师与学生之间的互动，还能够提高学校体育教师队伍的整体水平，从而更好地开展体育教学创新工作，为学生提供更好的体育教学。

三、体育教学研究的特点

（一）学理性

体育教学是一种以授业为主的教育过程，它具体表现为体育教师的教授过程和学生的学习过程，体育教学中的规律是通过教学的中心规律演变而来的，因此体育教学具有一定的学理性。体育教学的学理性要求体育教师的教学研究与学理研究要同步进行，否则体育教师的教学研究无法正常展开。

（二）复杂性

体育教学活动是人类特有的一种社会活动，其中包含了多种因素和变量，并且这些因素和变量彼此之间相互制约、相互支撑，因此体育教学活动具有一定的复杂性。通常情况下，体育教学活动会受到经济、文化、政治、社会等多个因素的影响，因此要求体育教师在进行体育教学研究时，必须要充分考虑与之相关的各种因素。

一项教学研究从确立选题到建立新学说、新理论，要经过不断的探索和研究，并且还要通过长时间的教学实践进行检验。因此，在进行体育教学研究时必须要与其他学科的内容相联系，并且要结合多种不同研究手段和研究方式，从而充分地反映体育教学研究的复杂性。

（三）实践性

任何理论都是建立在实践的基础之上，而不是凭空产生的。同理，体育教学理论也是建立在相应教学实践基础上，并反作用于教学实践，在教学实践中发挥指导作用。除此之外，教学理论还要在教学实践中进行检验，并不断地丰富、发展。在具体的体育教学过程中，可行性强的体育教学理论才能称得上有意义、有价值的理论，才能够更好地为体育教学服务。

（四）迟效性

与其他课程教学活动不同，体育教学活动的周期较长，教学成效需要经过较长的时间才能显现出来。体育教学是学校教学工作中的重要组成部分，会对其他课程的教学活动产生一定的影响。学生个性的协调发展、体质的增强以及健康水平的提高都要经过长时间的发展才能形成，即便是学习一项普通的技术，也需要经过多个课程的学习，这些过程具体表现为积累的过程。体育教学的迟效性表现为学生无法在短时间内获得明显的变化，要真正取得一定的成效必须要经过长时间的体育教学。

四、体育教学研究应注意的问题

（一）选好研究的课题

研究课题的选择会直接影响到体育教学研究的方向，并作用于体育教学研究的整个过程，因此选好研究的课题十分重要。在实际选题过程中，体育教师应注意以下几个方面的问题。

1. 确立为体育教学服务的指导思想

开展体育教学研究的目的是为了提高体育教师的教学质量和教学水平，因此体育教学研究应当设定较高的标准，从而更好地实现学校体育目标以及学校总体的教育目标。在体育教学研究过程中，坚持以科学的体育教学目标、合理有效的教学方法以及相应的教学评价标准为中心，建立一个能够提高学生体育能力与意识的体育教学体系。另外，体育教师还要促进理论与实践相结合，使体育教学工作能够在教学实践中得到检验与发展，促进学校体育目标的实现。

2. 选择课题要慎重

在体育教学研究过程中，研究课题的选择会影响整个体育教学实践活动的开展，因此体育教师必须要重视选题的作用。通常情况下，研究课题都是根据社会与生产的需求选择的，而不是凭空产生的，因此体育教学研究的课题，也必须要根据体育教学的实际情况来进行选择。体育教学实践本身具有丰富的要素，并且这些要素处于动态发展的状态，这就意味着体育教学研究的问题种类繁多，因此要选择一个具有现实意义且符合教学需求的研究课题具有重要意义。

（1）敏锐的问题意识

体育教学研究的客体包含多个方面，如体育教学实践、体育教学基础理论等，并且可能存在具有现实意义的研究问题，这要求体育教师具有敏锐的问题意识，从而能够及时、准确地发现问题，并选择相应的研究课题。随着时代的发展，体育基础理论中的一些内容已经发生了改变，因此导致过去已经确定的理论需要重新进行检验，以便于适应现代体育教学的发展。由于体育教学研究理论具有方向性指导作用，需要实现与社会发展同步，因此会在研究过程中产生新的结论。

从发展的角度来看，社会的发展与进步为体育教学研究提供了新的契机，相应地产生了新的方式和手段。尽管人们在过去的体育教学研究中已经取得了一定成绩，但并不意味着体育教学研究工作已经圆满完成，其中可能还存在一些问题，如理论研究在新的情境下与其他理论相矛盾，因此体育教师不能完全依赖过去的研究理论，要随时代发展而不断进行更深入的研究与探讨，并将这些问题作为研究课题。

（2）进行综合考察

在体育教学研究过程中，发现课题并不意味着一定能够运用于研究工作，研究者还要对课题的价值、可行性以及与自身特长的匹配度进行研究，要经过不断地考察才能最终将这个课题确定为研究课题。

①要衡量这个课题的价值

对于研究者而言，课题的价值能够影响自身的研究积极性，从而影响研究工作的正常开展。通常情况下，研究者主要从理论和实践两个方面对课题价值进行衡量。在理论方面，要求该课题属于未研究的领域或者是没有研究透的领域，然后研究者能够在过去的空白部分提出新的问题或是对已存在的问题进行调整、完善以及深入探讨，同时研究者要综合考虑各个因素的动态发展；在实践方面，要求课题具有一定的实用价值，并且还要注意理论与实践相结合。

②要考虑这个课题的可行性

可行性指的是一个课题在规定时间内完成的可能程度。在课题研究过程中，人们完成课题的把握越大，这项课题的可行性就越强。通常情况下，课题研究者的主观条件和研究工作所处的客观条件是决定课题可行性的关键因素。其中主观条件包括研究者的学识水平、相关理论素养以及分析与解决问题的能力。而客观条件包括研究过程中所需的时间、经费、研究对象以及其他物质条件。当研究者符合主观条件的要求和满足必需的客观条件时，能够极大地提高研究课题的可行性。

③要发挥研究者的特长

对于研究者而言，当选择的课题属于自己擅长的研究领域时，就会更加积极主动地投入时间和精力于课题研究工作之中，这样不仅能够提高研究的效率，还能加大取得研究成果的可能性。另外，研究者的爱好、兴趣也会影响研究工作的效率。一般研究者会选择自己感兴趣的课题进行研究，因此兴趣是推动研究者进行科研工作的重要动力，能够保持研究者的研究热情，并源源不断地提供新的思路，从而更好地完成课题研究工作。

(3) 注意从边缘学科突破

现代学校教学工作中普遍存在学科之间相互渗透、相互交叉的现象，如数学涉及到语文知识、生物学涉及到化学知识等，因此在体育教学研究的过程中，无法避免与其他学科的联系，如医学、管理学、计算机学等，并且当体育学科与其他学科相结合时，会为研究工作的发展提供新的契机。

单从体育学科的研究工作来看，体育教学研究中所取得的成果相当有限。但是如果将体育教学研究与其他学科进行结合，那么将会改变现在的体育教学研究窘况，如体育教学研究与美学相结合、体育教学研究与系统工程相结合等。当与其他热门学科相结合时，体育教学研究工作所设计的范围就变得更加广，同时也为研究工作提供了新的切入点，从而更好地展现出体育教师的综合素养。

（二）具备科学的研究态度

体育教学研究工作作为一项重要的研究工作，要求研究者必须具备科学的研究态度，即一切从实际出发、尊重客观事实、实事求是的态度。在课题研究过程中，研究者要严格按照要求来统计与整理研究中的数据和事实，如果研究过程中的数据和事实与预期目标不一致时，研究者必须要实事求是地进行讨论与分析。

在进行课题研究工作时，可能会出现研究结果与预期目标不一致的情况，但并不意味着研究结果是无意义的，它能够帮助研究者调整研究方向，以便于更好地进行研究工作。如果研究者过度执着于预期目标，对研究数据进行更改，那么会导致整个研究工作失败。因此在体育教学研究工作中，研究者必须始终坚持从实际出发、尊重客观事实、实事求是的科学态度，从而使研究成果更具有实际意义。

（三）运用科学的研究方法

一般认为，科学的研究方法能够促进研究工作的顺利开展。科学的研究方法对研究者的个人素质要求较高，这就要求研究者通过一定的程序来提高个人素质。具体表现为以下几个方面。

1. 重视科研方法论的学习

体育教学研究的方法论是一个多层次的理论体系，其内容与对体育的认识以及改造方法具有一定的联系。研究者作为体育教学研究的主体，应当以马克思主义哲学理论作为指导思想，不断提高自身的思想道德水平，从而形成正确的世界观和方法论并作用于体育教学研究工作。另外，研究者在科学思想的指导下，能够更好地掌握与运用正确的研究方法。

2. 重视掌握和运用研究方法能力的提高

为了更好地开展体育教学研究工作，研究者应当重视掌握和运用研究方法的能力。这要求研究者不仅要充分了解体育运动的要点和研究方法的内容，还要熟练运用研究方法。换言之，当研究者面对不同的研究环境、研究对象以及研究目的时，能够采用不同研究方法，并在实践过程中根据实际情况进行调整，从而达到举一反三的效果。

第二节 新时期高校体育教学研究的内容与目标

新时期高校体育教学活动包含多种因素，其研究内容具有一定的复杂性。本节将高校体育教学研究的内容分为五个部分，即对体育教学主体的研究、体育教学思想和目标的研究、体育教学过程的研究、体育教学条件的研究、体育教学内容的研究，并将这五个部分分别对应人的因素、思想的因素、时空的因素、物质环境的因素以及媒体与媒介的因素。

一、新时期高校体育教学研究的内容

（一）体育教学主体的研究——人

人是一切活动中最主要的因素，并且大多数活动都是以人作为活动的主体，其中就包括高校体育教学活动。高校体育教学研究工作中的主体是教师和学生，教师与学生之间的互动贯穿于研究工作

的始终，而研究工作也一定会受到师生互动的影响。因此，为了更好地组织开展高校体育教学活动和提高体育教学活动的成效，必须要加强对体育教师和学生的研究。

1. 对体育教师的研究

对体育教师的研究具体表现为以下四个方面的研究，分别是体育教学过程中教师与学生的相互作用的研究、体育教师的知识结构与教学能力的研究、教师的职责与职业特征的研究以及教师在高校体育教学过程中的角色研究。

2. 对学生的研究

对学生的研究具体表现为以下六个方面的研究，分别是体育教学与学生身体发展关系的研究、集体对学生个体的影响研究、学生在高校体育教学过程中的角色研究、体育教学中教与学的研究、体育教学与学生心理发展关系的研究、影响学生体育学习的认知因素与非认知因素的研究。

（二）体育教学目标的研究——思想

从整体上看，体育教学活动是一种有组织、有计划、有意识的活动，因此在开展体育教学活动之前，体育教师必须要明确体育教学活动的定位、定向和价值。体育教学目标、思想的研究是新时期高校体育教学研究的重要组成部分，要求研究者把握高校体育教学的方向，并深入研究体育教学的教学功能。目前，高校体育教学正处于改革与发展时期，因此体育教师应重视体育教学目标、思想的研究。

新时期高校体育教学目标研究具体表现为以下四个方面的研究，分别是体育教学改革目标与方向的研究、体育教学目标的研究、体育教学指导思想的研究以及体育学科价值与功能的研究。

（三）体育教学过程的研究——时空

新时期高校体育教学与其他学科教学存在一定的差异，是体育活动与学习的特定时空。其中，体育教学过程的研究是新时期高校体育教学研究的重要组成部分，一方面表现为基本理论问题的研究，另一方面表现为组织教学活动的理论依据的研究。在新时期高校体育教学过程中，如果要充分了解教学过程的特点、规律和本质，提高体育教学的质量，就要加大对体育教学过程的研究力度。

体育教学过程的研究具体表现为以下四个方面的研究，分别是体育教学过程特点的研究、体育教学过程基本结构的研究、体育教学过程基本规律的研究、体育教学过程基本功能的研究。

（四）体育教学内容的研究——载体

体育教学内容的研究是新时期高校体育教学的基础，而运动技术学习是体育教学内容的重要组成部分。在社会发展的影响下，高校体育运动技术的内容越来越丰富，并且各项技术的功能和特点有所不同。其中，“大规模的教材化研究”指的是选编体育教学内容的方法，而“小规模的教材化研究”指的是对已选的体育教学内容进行改造，使其成为适合学生学习的内容。

目前，体育教学内容的研究具体表现为以下几个方面的研究，分别是体育与健康知识研究、体育教学内容的选择依据研究、体育教学计划研究、体育教科书研究、体育运动技术研究、体育辅助学习材料开发研究、体育教材化工作研究、体育教学内容的编排理论研究、体育运动文化知识研究、现行体育课程内容合理性研究。

（五）体育教学条件的研究——物质与环境

通常情况下，适宜的教学环境条件和良好的物质条件支撑能够更好地促进体育教学活动。虽然我们强调物质条件的重要性，但并不意味着没有适宜的教学环境和良好的物质条件，就无法实现高质量的高校体育教学。在新时期高校体育教学中，体育教学条件的研究具体表现为以下五个方面的研究，分别是体育环境的含义和内容的研究、体育运用现代化教育工具的研究、体育环境管理的研究、新运动器材和器具的研究、优化体育场地和设施的研究。

二、新时期高校体育教学研究的目标

在新时期体育教学活动中，体育教师的作用相当重要。因此，围绕教师为中心的体育教学研究的目标具体表现为：转变教师观念、培养解决问题的能力、促进教师的可持续发展、学会科研方法。

（一）转变教师观念

在传统观念的影响下，大多数人片面地认为教师的教学活动就是教师以教学内容为中心而开展的一系列活动。换言之，大多数人都将“传道、授业、解惑”作为教师的主要职责，从而限制了教师的活动范围。在古代社会，教师的教学内容大多来源于权威人士个人的经验或者教师通过教学实践总结出来的经验，极少数教师会进行对教学内容的求证。因此，他们在传授知识或解答疑惑时，无法做出更深入的阐述，导致教师的教学活动停留在表层，而缺乏对教学实践活动的理性认识。

在近代，西方外来思想不断涌入我国，极大地影响了我国教育事业的发展，如在与教育相关的文献中，逐渐出现了“教师即研究者”“反思性教学”“反思的实践者”等观点。这些观点要求教师充分发挥自身的主观能动性，结束被动教授知识与解答疑惑的现状，运用自身的观点和思想来积极主动地研究教学内容，从而更好地传承优秀传统文化与创新知识。

近年来，随着我国经济的不断发展，人们对高质量教育的需求越来越高，极大地促进了教育事业的发展。在我国教育改革与制度化的过程中，人才培养方案越来越科学、合理。但其中也出现了一些问题，如课堂组织的统一化、课程安排的系统化、教师教学的机械化、技术化的教育观念，其中一些观念已经成为了教育领域的“正统观念”。直到现在，很多教学研究者没有意识到当前教育中存在的一系列问题。其中技术观点是指教学研究者将教育视为一种传授系统，其中教学目的被理解为完成要求的教学内容[①]，即教学目的的现实化被理解为教学结果。换言之，在体育教学活动中，体育教学只要按要求完成了教学内容，就视为达成教学目标。在这种教育观念

① 邬焜等. 自然辩证法新编 [M]. 西安：西安交通大学出版社，2000.

的指导下，教学研究者过度重视教学内容的完成途径和运用方式，而忽视教学内容的可行性，从而无法进行教学内容的优化工作。从哈贝马斯对教育的观点来看，人们应当重新对教师职业进行理解。具体来说，无论是教育政策还是理论研究，都要明确教师的主观能动性，使教师能够摆脱固定轨道的控制，只依靠单纯教授给定的教学内容无法发挥教师的作用[①]。

综合上述情况，教师受传统观念的影响，极大地限制自己的专业能力。对于新时期教师而言，他们不仅要掌握一定的教学技能，充分了解学科相关知识与结构，还要实现自我发展。在教学过程中，教师要充分了解自身的教学能力，学习其他教师的优秀经验，并充分运用于教学实践之中，促进自身教学能力的发展。研究的内容具体表现为以下三点：

第一，充分研究教师自身所具备的教学技能。

第二，在探讨与质疑教师自身教学实践过程中进一步发展。

第三，在教学实践过程中对所学的教学理论进行检验与质疑。

第四，在教学过程中接受其他教师的旁听，并在课后对教学内容进行讨论。

在这种情况下，教师的形象就会发生一定的改变，由坚持某种观念或理论的教师向坚持实践的教师转变，在教学实践中不断检验教学理论并加以改进和创新，形成自己的方法论。总而言之，教师不仅要积极进行教学研究，还应当勇于接受研究，从而为教学研究工作提供新的思路。

（二）培养解决问题的能力

发现问题是解决问题的前提，也是产生一切创造发明以及重大科研成果的动力。通常情况下，善于发现问题的人具有不断探索、不断进取的上进意识，同时也表现出超越自我、勇往直前且不安于现状的精神。

---

① 顾明远 . 教育大辞典：上海教育出版社，1998 年 .

在新时期高校体育教学过程中，教师要培养自身解决问题的能力，就要先总结自身的教学经验，并通过相关的教学理论进行思考研究，从而对教学规律形成正确的认识，建立具有自身特色的教学方法。教学研究的过程，不仅表现为感性认识向理性认识的转变过程，也表现为培养自身的理性思维和解决问题能力的过程。

（三）促进教师的可持续发展

社会在不断发展进步，对人才的需求也在不断提高。人们既无法预知未来会发生的变化，也无法在短时间内学会目前所有的知识与技能，这就要求人们树立终身学习的观念。目前，我国正在不断推进基础教育改革工作，并且改革工作所涉及的范围较广，包括情感与道德、人文精神以及艺术素养等方面，从而也对教师提出了更高的要求。为了更好地适应社会的发展，教师要树立长远的目光，深入研究现代体育教学工作，不断提高自身的教学能力，从而为学生提供更好的体育教学。

传统的体育教学方法无法满足现代体育教师的教学工作，这就要求新时期的高校体育教师在传统教学方法的基础上不断改进和创新，逐渐形成自身的方法论，才能够适应教育改革发展的需要，提高自身的教学能力与科研能力，实现可持续发展。

（四）学会科研方法

教师在进行教学研究工作之前，首先要向有丰富科研经验的教师请教，从而得到启发。教学研究工作具体表现为以下三个步骤：第一步，选定研究的问题；第二步，对该问题提出具有一定意义的假设；第三步，通过教学实践或查阅相关书籍来收集论证资料；第四步，通过研究与分析得出最终的实验报告并总结。教师在不断进行教学研究工作的过程中逐渐形成了理性思维、研究与分析的方法，从而形成具有自身特点的教学研究能力。

在教学研究工作结束后，教师能够总结出自身的经验，然后以论文著作的形式向社会传播，使高校体育教学逐渐上升到理论的高度。如果研究报告的影响力较大，教师还能够通过相关的学术研究论坛，与业内高水平的专家、学者进行交流与合作，从而获得更高层次的经验，以便于提高自身教学研究的水平。对于新时期的高校体育教学工作而言，教师发表的相关文献越多，对社会的贡献越大。换言之，教师将自身的学识与经验逐渐转化为具体的论文著作，为其他高校的体育教师提供一定的参考，从而促进体育事业的发展。

第三节　新时期高校体育教学研究的条件与步骤

一、新时期体育教学研究的条件

（一）体育教学研究的先决条件

从整体上看，教育的目的是为社会培育人才，但是随着时代的发展，高校体育的育人目标会发生相应的改变。目前我国正在不断推进素质教育，这就意味着素质教育是体育教学的出发点，也是体育教学研究的先决条件。因此，体育教学研究者必须要考虑到国家对人才培育的需求，从教育的根本目标出发，逐步形成现代化的体育教育观，然后才能进行体育教学研究工作。如果从体育教学研究工作的开端就偏离了教育的根本目标，那么这项研究工作就无实际意义，无法运用于体育教学之中。

（二）体育教学研究的客观条件

1. 体育教学中的问题

对于体育教师而言，要开展体育教学研究，先要明确研究对象，即体育教学中存在的一系列问题。但是受传统体育教学观念影响，大多数体育教师都无法发现教学过程中存在的问题，因此无法开展有效的体育教学研究工作。这意味着体育教学研究的起点表现为教师发现了教学过程中存在的问题，并针对这个问题提出相应的假设或教学方法改革的方案。

教育活动包含多个动态发展的因素，因此教育能够随着社会的发展而不断发展变化，在教育发展的过程中不可能毫无缺陷。换言之，在教育发展过程中会不断出现新的问题，而人们需要通过自己的努力来发现这些新问题，并进行相关的研究与分析，从而不断推动教育事业向前发展。

2. 国内外的研究状况

在新时期的高校体育教学工作中，要完成一项新的教学研究具有一定的难度，但如果这些研究工作已经有一部分教师研究过并取得了一定的成果，那么我们就可以参考他们的研究成果，从而避免出现人力、物力、财力的浪费。在信息技术的高速发展下，教师可以通过网络来了解国内外其他教师的体育教学研究成果，并在他人研究成果的基础上进行改进与创新，从而形成新的研究成果。

虽然过去的体育教学观念存在一定的问题，但并不意味着前人的观点都是完全错误的。因此，在新时期的体育教学研究过程中，研究者要充分了解前人的观点，并发现其中存在的问题，然后才能取得一定的进步。这要求体育教师要做好先行研究，总结前人研究过程中的优点和不足，从而保证选择的课题具有一定的价值与意义。

3. 教学实验的物质条件

良好的物质条件有利于更好地进行教学研究工作。在高校体育教学研究工作中，同样需要一定的物质条件作为保障，如体育教学设施、研究经费、研究设备、研究人员、研究时间等。除此之外，教师、学生和相关校领导的支持与参与也具有重要意义，能够更好地促进研究工作的展开。在实际操作过程中，研究者要根据不同教学研究的性质、规模来选择不同的研究设备、研究人员、体育教学设施等物质条件。

（三）体育教学研究的主观条件

1. 心理素质

（1）立志

在高校体育教学研究工作中，有些问题在短时间内无法得到很好的解决，因此需要体育教师坚定信心立志完成这项研究工作。一些高难度的教学研究工作要求教师具有长期的教学实践经验、严谨的科研态度、甘于奉献的精神以及一定的自信心与毅力。其中，甘于奉献的精神是难能可贵的，因为一般研究者在研究工作中获得的报酬较少，并且有时无法取得旁人的理解。

对于现代体育教师而言，提高自身的教学研究能力有利于提高自身的教学能力，从而促进自身的可持续发展。在实际教学过程中，有的教师认知水平不高，因此他们无法明确其中出现的问题；还有教师没有远大的志向，尽管他们能够发现教学过程中的问题，他们也不愿意花费一定的时间与精神去研究这些问题。

（2）发现和探究

体育教学研究工作要求体育教师具备一定的发现问题意识和探索求知意识，从而更好地发现体育教学过程中存在的问题，从而更好地开展研究工作。

（3）毅力

体育教学研究有规模大小之分，因此所耗费的时间也具有一定的差异。通常情况下，小型的体育教学研究只需要耗费几节课的时间就能够取得一定的研究成果，但是大型的体育教学研究需要耗费数月甚至数年的时间才能取得一定的研究成果。在具有重大研究价值的课题研究过程中，还需要做好其他方面的工作，如教学实践工作、相关理论的研究与分析工作、相关数据的统计与分析工作、相关材料的收集工作等。除此之外，研究者不仅要面对研究过程中存在的问题，还要面对研究工作以外的其他因素干扰。体育教学研究工作不可能一直顺利，因此要求研究者具备一定的毅力和不屈不挠、勇于面对失败的精神。

2. 理论素养

在现代体育教学研究工作中，体育教师不仅要通过教学实践总结经验，还要积极地运用现代体育教育观念来指导研究工作。要想充分了解现代体育教育观念，不仅要学习现代体育学、教育学、心理学等相关理论，还要学习现代方法学、社会学、创造学、教育哲学等高层次的理论。

为了更好地适应社会发展的需要，教师要主动加强与改善自身的教育观念，以培育人才的高度来开展高校体育教学研究工作，从而保证体育教学能够一直保持先进。同时，教师还要加强自身的理论学习，通过学习现代体育理论，对新兴的体育运动产生新的理解，从而满足学生对新兴体育运动的学习需求。在新时期高校教学研究工作中，有些内容是适应社会发展而新增的内容，教师应当积极地了解与掌握，从而更新自身的知识储备。另外，随着时代的发展，学生的思想方式与生活方式在不断发生变化，导致他们对体育课程的需求也在发生变化，这就要求教师在原有体育教学方式的基础上进行改造和创新，从而更好地适应学生身心发展的需求。

3. 教学实践

教学实践主要包括以下两层含义：其一，体育教学研究不能只停留在理论层面，必须要进行体育教学实践；其二，要想进行体育教学研究，体育教师必须要具备总结、积累实践经验的能力。

体育教学研究工作的主要目的是对体育教学过程中的理论问题进行分析与研究或者是发现并解决体育教学实践中存在的问题，其具有一定的针对性与实践性。但是如果只是停留在体育教学的理论层面，就无法触及到体育教学的痛点，只会得到不全面的结论或错误的结论，导致整个研究工作毫无意义。对于不在教学一线的研究者而言，他们必须要通过旁听、评课、备课、上课等方式来进行教学实践，从而发现并解决研究工作存在的问题。对于基层体育教师而言，虽然他们拥有丰富的教学实践经验，但是与专门从事体育教学研究工作的研究者之间还是存在不小的差距，因此他们要进行体育教学研究工作，必须先要培养自身发现问题、分析与研究问题、积极探索求知等方面的能力，还要学会收集与整理资料、总结自身的体育教学经验。另外，在新时期体育教学研究工作中，学生成长记录袋、学生体质检测报告单、学生体育成绩单、教师备课教案、教师教学计划等可以作为研究工作中的重要依据。

4. 科研道德

体育教学研究工作中具有多个动态发展的因素，因此为了节约人力、物力、财力等资源，体育教师可以借助一定的前人研究成果，并进行相应的改进和创新工作。在新时期体育教学研究过程中，如果研究者查阅或引用了其他体育教师的观点，应当在自己的研究文章中标注观点的出处或者以参考文献的形式进行标注；如果在研究工作中，研究者得到了其他研究人员的帮助或者整个研究工作是多个研究人员一起完成时，应当在论文中肯定他人的帮助，并陈述对他人帮助的感谢，这是科研工作者应当具备的道德品质。但是如果研究者在论文著作中引用了他人的观点，却没有注明引用，那么就属于剽窃行为。

二、体育教学研究的步骤

（一）选择问题

在开始体育教学研究工作之前，研究者要先根据自身的实际情况从体育教学中选择问题，从而明确研究工作的对象。而选择研究问题并不是轻松的事情，不仅要求研究者确定自己的研究范围，还要在研究范围中选取最有价值和意义的问题。

通常情况下，问题有大、小、新、旧之分，分别适合不同类型的体育教师。如基层体育教师具有丰富的教学实践经验，但缺乏相关理论的研究，因此应当选择涉及范围较小的问题，其中年轻体育教师思维相对灵活多变，能够适应新兴运动，因此年轻体育教师应当选择“小而新”的问题。教师在选择问题时，应根据自身的教学实践来做出决定，尽量选择自己感悟最深、具有实际意义或者能够激发自身兴趣的问题。要想在研究过程中取得一定的成果，就必须要投入一定时间和精力，并通过对问题的研究，创作出具有参考价值的专业性学术著作。

另外，研究者还要转换研究问题的思路，用与平常不同的思路去思考问题能够取得意想不到的效果。在明确课题之后，还要从整体出发对课题进行全面的研究，从多个方向里选择最合适的切入角度，才能使研究成果最大化。如图 2-1 所示的选题模式，不仅列出了体育教学相关研究课题的选题范围，还列出不同课题的研究角度，从而使研究者能够根据要求来选择最适合自己的课题。

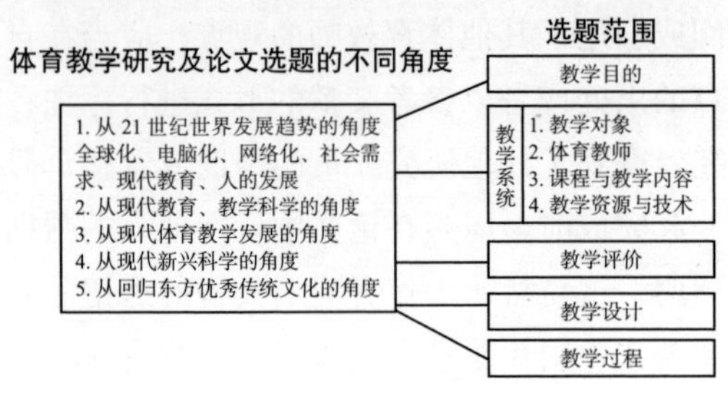

图 2–1 论文旋梯方式示意图

（二）提出假设

在体育教学研究中，假设指的是研究者对多个变量或现象之间的关系做出假定性说明。换言之，研究者要在问题尚未确定答案之前，根据问题提出一定的设想。假设并不是无意义的行为，要求研究者充分发挥自身的主观能动性，敢于颠覆前人已经得出的结论，然后提出自己的新观点，并通过具体实践来证明这些观点。

通常情况下，一个科学合理的假设应包括以下三种特性：其一，假设的表现形式为陈述句形式；其二，假设的内容包括多个不同的变量；其三，假设能够通过实践进行检验。研究方案是指在既定的条件下，检验假设的操作细目[①]。因此无论研究者选择哪种问题，都要根据假设制定一些研究方案，从而根据研究方案的操作细则来进行实践，检验假设是否合理。

（三）研究设计

研究设计指的是在开展研究工作之前，对研究内容进行设计的过程。通常情况下，研究设计包括以下四个方面的内容分别是设计

① 张同钦 . 秘书学概论 [M]. 中国人民大学出版社，2011 年 .

观察指标、专业技术设计、统计学设计以及寻找证据。

1. 设计观察指标

在研究设计的过程中，设计观察指标主要分为三步：首先，运用合理的方法寻找指标；其次，列出指标的类型；最后，明确指标。

2. 专业技术设计

在研究设计的过程中，专业技术设计主要分为两个部分：其一，选择记录与测试的工具；其二，实验操作技术的选择与创立

3. 统计学设计

在研究设计的过程中，统计学设计主要包括以下四个部分，分别是

（1）保证样本组间可比性的方法。

（2）保证样本代表性的方法。

（3）保证结果精确性的方法。

（4）组织工作形式，设计相应的计划。

4. 寻找证据

（1）搜集数据和文献资料

①与体育相关的政策纲领性文件，这类文件包括《义务教育体育与健康课程标准》《体育教学大纲》等。

②体育教学过程中的相关文件，这类文件包括历年的体育教学计划、教学进度表、学生体育成绩单、教师备课教案、体育问卷调查等。其中，教师的备课教案具有重要参考价值，不仅能够体现体育教师独特的教学方法，还能够体现教师对体育理论的相关研究成果。在进行学术论文创作时，体育教师可以将备课教案作为重要的源泉，通过研究备课教案来回忆自身的教学实践。

③体育杂志、书报中相关的资料。研究者在查阅体育报纸与杂志时，如果发现有用的信息要及时做好记录，并且还要注明报纸或杂志的出版者、出版年、页码、著作者、国籍、书名等，以便于日后在进行学术论文创作时能够充分运用这些资料。

④数据资料。数据资料主要指的是相关文件中的统计类数据，

可以运用于定量分析。

⑤图像资料。图像资料主要分为两个部分：其一，现场图像资料，指的是体育运动动作技巧的教学录像或照片，可以运用于定性定量分析；其二，电视录像、网络中相关图例，这些资料不仅可以用于帮助学生学习体育运动技术动作，还可以与其他技术动作进行详细对比。

（四）整理与分析材料

1. 整理资料

资料的整理工作主要包括以下三个步骤：首先，根据要求对所有收集到的资料进行分类；其次，将定性定量后的资料绘制成图表；最后，对图表和资料进行检查，删除异常数据。

2. 分析资料

在体育教学研究过程中，研究者运用一定数理统计知识对搜集到的资料进行分析，并得出一定的结论，实现数据资料向科学概念的转化。

3. 假设验证

研究者对收集的资料进行整理与分析，通过逻辑的方法与专业理论的结合，对研究过程中的现象及其变化规律进行说明，从而得到科学理论。

（1）当研究工作的目的是为了检验假设的合理性时，如果在实践检验之后发现假设符合事实，那么假设就能够向假说转化。

（2）当研究工作的目的是为了检验假说的合理性时，如果在实践检验之后发现假说符合事实，那么假说就能够向理论方向转变。

值得注意的是，只有在一定的范围之内，假说和理论才具有合理性，因此要通过实践不断对假说和理论进行检验，从而保证它的合理性、有效性。

4. 得出结论

得出结论是一项研究工作结束的标志。在高校体育教学研究工作中，研究结论的形式表现为体育相关的研究报告、学术著作等，其内容不仅包括方法、原理、法则、原则，还包括看法、观点。为了充分展现研究结论的价值，研究者可以通过学术论坛、学术报告会等平台来展示自身的研究成果。

第四节 新时期高校体育教学研究的基本方法

一、文献资料法

在新时期高校体育教学研究中，文献资料法是一种常见的研究方法。它是指研究者根据研究课题来查阅相关书籍，从而获取相关信息，最后得出结论的研究方法[①]。

（一）文献资料法的意义

文献资料指的是通过运用一定的意义表达和记录体系记录在书本中的具有历史价值和研究价值的资料。文献资料法的意义具体表现为以下两个方面：其一，文献资料中记载了丰富的历史文化知识，从而使研究者能够了解体育相关领域的发展历史、发展趋势以及发展现状，从而节约了一定的时间与精力；其二，文献资料中记载了大量真实、有效的资料，研究者能够通过文献研究法了解一些相关数据，并进行一定的比较，从而发现其中存在的规律。

（二）文献资料法的注意事项

1. 合理确定搜集文献资料的范围

随着时代的变迁，我国文献资料所涉及的范围越来越广，其数量也越来越多。在体育教学研究过程中，研究者可以通过明确合适的范围的方式来进行资料的查阅工作，从而达到节约时间与精力、提高工作效率的目的。通常情况下，研究者要先明确研究课题再查阅资料，查阅资料的工作可以分为以下三步：

首先，明确待查阅文献资料的类别；

---

① 王文元，夏伯忠 . 新编会计大辞典 [M]. 辽宁人民出版社 .

其次，对查阅的具体文献资料进行选择；

最后，确定文献资料并进行查阅。

2. 合理运用查阅方法

由于文献资料的数量较多，因此要求研究者掌握正确、合理的查阅方法，从而有针对性地查阅，并找到自己需要的文献。如果盲目地进行查阅，那么不仅会浪费一定的时间，还无法取得明显的效果。目前，最常用的体育文献检索工具有三种，它们分别是目录、索引、文摘。

（1）目录

目录是指以特定的标准和要求来记录、排列与描述各种文献线索的清单。

（2）索引

索引是指摘录书刊中的内容或项目，标明该内容或项目的页码，并按次序进行排列，其位置一般在书籍的末尾页，以便于人们进行查阅。

（3）文摘

文摘是指对文章、著作所做的简要摘述。为了使读者能够更好地把握某一专业或学科的研究动态，文摘一般会以期刊汇编的形式对某一专业或学科的最新学术著作摘要进行汇总。

3. 要正确选用检索方法

在新时期的高校体育教学研究工作中，主要有三种检索方法，它们分别是直接检索法、追溯检索法以及循环检索法。

（1）直接检索法

直接检索法指的是直接通过检索系统来查找所需的文献资料的方法，也被称之为顺查法。

（2）追溯检索法

追溯检索法指的是利用文献后面所列的参考文献，逐一排查被引用文献，然后再从这些被引用文献后所列的参考文献目录逐一扩大文献信息范围，一环扣一环地追查下去的方法。

（3）循环检索法

循环检索法指的是将直接检索法和追溯检索法进行结合的检索方法，也被称之为分段法、综合法。这种检索方法具有速度快、查找率高的优点。

4. 要做好所获资料的加工整理工作

研究者在查阅文献资料时，要对其中具有研究价值的信息进行记录，以便日后更好地开展研究工作。为了更加方便地使用这些资料，研究者还要做好加工与整理的工作，从而使这些资料的价值最大化。

二、教学实验法

教学实践法指的是教师在一定教学理论的指导下开展教学实践活动，通过控制教学条件使教学活动发生一定的变化，从而更好地探究教学规律的研究方法。

（一）教学实验法的意义

与其他研究方法不同，教学实验法能够对新的高校体育教学方法和技战术方法进行检验，从而明确新的高校体育教学方法和技战术方法，能够满足教学实践活动的需要。这种研究方法不仅有利于推动体育教学改革，还有利于开展高校体育教学研究工作。

（二）教学实验法的分类

1. 实验因素不同

在高校体育教学研究中，教师可以根据不同的实验因素，将教学实验法分为单项实验法、综合实验法和整体实验法三种类型。

（1）单项实验法

单项实验法是指具有唯一可变因素的实验方法。例如，在体育教学中以教材的选择作为唯一可变因素，从而观察教学效果的差异。

（2）综合实验法

综合实验法是指具有多个因素变化的实验方法。例如，在体育教学中以教材的选择和教学内容的设计作为变化的因素，从而观察教学效果的差异。

（3）整体实验法

整体实验法是指针对整个教学系统所采用的实验方法。例如，在体育教学中针对不同的区域、学校来进行实验，从而观察彼此之间的差异。

以上三种实验方法都具有明显的特点，并且三者之间能够相互补充、相互影响。在具体实践过程中，教师要根据实际情况来选择不同的实验方法。

2. 实验任务不同

在高校体育教学研究中，教师可以根据不同的实验任务，将教学实验法分为探索性实验、验证性实验、应用性实验三种类型。

（1）探索性实验

探索性实验指的是在研究工作中，人们为了探索某些未知领域或规律所进行的实践活动。这种实验的主要任务是从实验中发现新的体育知识与体育教学规律。

（2）验证性实验

验证性实验指的是在研究工作中，人们根据研究对象提出假说或得出结论，并对这些假说或结论进行检验所进行的实践活动。这种实验的主要任务是对假说或结论进行验证并确立。

（3）应用性实验

应用性实验指的是在研究工作中，人们在相关理论的指导下所进行的实践活动，这种实验的主要任务就是将理论转化为具体实践，从而对科学、有效的理论进行推广。

综上所述，任何理论成为科学理论并不是一蹴而就的，都需要经过反复的实验进行验证，最终作用于人们的现实生活。

（三）教学实验的设计

1. 单组末测实验设计

单组末测实验指的是在体育教学中，教师任意地选择一个实验组并加入一定的实验变量，过一段时间后再对该实验组进行测评，从而得出结论的实验方法。这种实验方法主要是通过实验前的状态与实验后的状态进行对比，从而明确实验变量在其中发挥的作用。

这种实验要求教师充分了解每个学生的个人情况和自身的教学水平，从而直观地感受到实验前后发生的变化。为了使实验数据更加精确、真实，教师可以适当增加实验的次数，并且实验次数越多越接近科学水平。

2. 单组始末测实验设计

单组始末测实验指的是在单组末测实验的基础上，对初始状态的实验组进行测试，得出结论后再进行实验，最终对初始状态的实验组与末测实验组进行对比的实验方法。单组始末测实验与单组末测实验的不同之处在于前者多了始测环节。始测环节能够帮助教师更好地了解实验组的初始水平，然后再与末测结果对比，从而保证实验的准确性。这种实验方法的缺点在于不适用于学生身体、心理自然成熟的变量，如学生的智力、心理承受能力、身高、体重等。

3. 单组纵贯重复始末实验设计

单组纵贯重复始末实验指的是重复单组末测实验和单组始末测实验，观察与记录实验组在增加实验变量的前后的一段时间内的变化，并统计所有实验测定结果，然后对各个结果进行对比并得出结论的实验方法。这种实验方法能够综合单组末测实验与单组始末测实验的优势，从而提高实验的有效性与可靠性，使研究者更好地进行研究工作（如图 2-2 所示）。

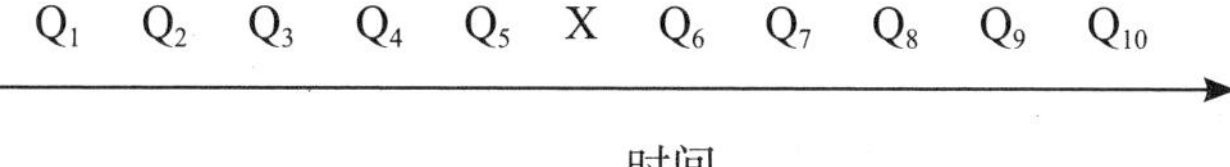

Q：观察
X：实验处理

图 2–2 单组末测实验设计

与上述两种实验方法不同的是，单组纵贯重复始末实验是从实验处理效果的整体发展趋势出发，从而进行详细研究的实验方法。因此，在进行单组纵贯重复始末实验调查时，研究者必须要着眼于实验前后的整个发展变化趋势来进行评估工作，从而避免被其中的两个或三个实验结果的影响，导致整个实验的失败。在单组纵贯重复始末实验过程中，为了确保实验的完整性，研究者应选择一个状态稳定的实验对象进行实验，还要重视环境因素、心理因素等周期性因素的变化。

4. 不相等组末测实验设计

不相等组末测实验指的是任意地选取两个不同的班级作为实验对象，将其中一个班级作为实验班，另一个班级则作为保持正常教学的对照班，从而使两个班级形成对比。在一段时间过后，再对两个班级进行对比，如果实验班与对照班之间存在明显的差异，那么说明实验班在实验过程中发生了一定的变化。

虽然这种实验方法的效果较为明显，但也存在一定的弊端，即两个班的学生数量不相同，两个班的学生个性也不一样，因此无法明确实验班的变化是由实验变量导致的还是学生自己导致的。因此在不相等组末测实验中，研究者最好选择同一个体育教师教的两个班级，然后通过教师平时的记录、观察、体验、感受或者档案的积累来获得数据，以便于获得更可靠的结论。

5. 不相等组始末测实验设计

不相等组始末测实验指的是在不相等组末测实验的基础上增加始测环节，以确保实验组的初始状态一致的实验方法。这种实验方法的优点具体表现为以下两个方面：其一，明确两个实验组的初始状态，从而减少实验过程中的干扰因素，然后使实验结果更具有准确性和可靠性；其二，更好地比较两个实验组始末测的成绩，从而明确自然的成长因素对实验结果的影响。

这种实验方法的目的是使教学实验过程更加自然，可以代表大多数学校的实际教学情况，从而通过新时期高校体育教学研究工作为体育教师提供一定的帮助。

（四）影响教学实验的基本因素

在教学实验中，影响实验效果的因素有很多，其中影响最大的因素有以下四种，分别是自变量因素、因变量因素、调节变量因素、干扰变量因素。

1. 自变量因素

自变量是指研究者为了使实验产生一定的变化而特意增添的变量。通常情况下，高校体育教学实验的自变量包括教学模式、教学情境、教师组织方法与形式、教学材料、教师与学生的身心因素等。在具体实践过程中，教学变量是通过不断地进行教学改革来改变的变量，从而影响教师的教学实践活动。

2. 因变量因素

因变量指的是在自变量的作用下产生的新的变量，会随着自变量的变化而不断变化。在教学实验中，因变量既可以表现为学生的学习兴趣、知识技能等综合素质，也可以表现为教学结构与教学模式。

3. 调节变量因素

受调节变量的影响，自变量对于因变量的影响会发生一定的变化。在教学实验中，如果将学生的兴趣爱好作为体育教学研究中的调节变量，那么将有助于研究者明确自变量的性质与效能。

4. 干扰变量因素

干扰变量指的是除了自变量以外的影响实验结果的变量，也被称之为控制变量。在教学实验中，干扰变量一般作为影响归因分析的因素，因此在处理干扰变量因素时，研究者可以通过预防、排除、化解、避免等方式对其进行控制。

三、系统法

系统法指的是从系统的观点着手进行研究工作，将研究对象放置于一个系统之中，并根据要素与要素、系统与环境、系统与要素之间的相互关系进行考察，然后以局部目标为依据进行优化与调整工作，进而使整体达到最优目标的方法[①]。

（一）系统法的特点

1. 整体性

系统法的整体性表现为以各种要素组成的有机整体作为研究对象，并通过一定的规律将各种事物集合在一起，从而进行研究。

2. 综合性

系统法的综合性表现为将系统视为一个综合体，并且这个综合体是由同一目标的各个要素组成。对于不同研究对象的研究工作而言，研究者要从各个方面进行综合考察，如研究对象的功能、要素、互动方式等。

3. 最优化

系统法是在研究工作的系统分析过程中确定整体目标和最优化目标，并通过一定的手段和方法，将目标分解为各种不同的等级和层次，从而使研究者明确局部目标。在高校体育教学研究中，为了使整个研究工作达成最优化目标，局部目标要始终坚持为整体目标服务。

（二）系统方法的运用步骤

在研究工作中，系统方法的运用步骤一般包括以下五个部分，分别是提出问题、制定目标与衡量标准、系统的综合与协调、系统的评价、方案的选择与实施。

1. 提出问题

提出问题是开展研究工作的重要前提，要求研究者根据实际情况提出相应的问题，不仅要详细地阐述问题的性质，还要说明提出问题的依据以及界定问题的范围。

2. 制订目标与衡量标准

目标指的是预期达成的目的和标准，而衡量标准指的是检测目

---

① 徐悦仁 . 系统科学方法深化了普遍联系原理 [J]. 齐齐哈尔示范学院学报，1994（01）：15-19.

标完成情况的标准。在研究过程中，为了更好地展现系统方法的出发点与追求方向，研究者应当明确并完善目标与衡量标准。

3. 系统的综合与协调

在新时期高校体育教学研究工作中，进行系统的综合与协调具有重要意义。其中，系统的综合指的是将系统中的各个部分按照要求进行组合的过程[①]。在进行系统综合时，首先就要对构成系统的各个部分进行研究，并考察各个部分之间的相互关系以及受外界环境的影响程度，然后再制定相应的方案。如果要制定最佳方案，研究者必须要投入更多的时间与精力，还要对系统结构中某些部分进行调整、改造、重组，再进行相应的协调工作，从而完善系统。

4. 系统的评价

系统的评价指的是根据预期目标来分析与考察当前系统目标完成情况的过程[②]。通常情况下，为了使评价结果更加客观、真实，会先采用定量分析法，并辅以适量定性分析的方法。

5. 方案的选择与实施

在研究过程中，研究者一般会按照以下的顺序进行方案的选择与实施。首先，对系统整体进行综合、协调与评价工作；然后，选择出一种或多种方案进行分析；最后，实施选定的方案。如果选定的方案能够直接实施或者经过一定的调整后可以直接实施，那么整个过程就能够顺利完成，否则就要重新选择方案，直到能够顺利实施并完成整个过程。

四、行动研究法

行动研究法指的是将研究者与教育实际工作者的能力相结合，从而解决某一实际问题的方法。这种研究方法主要用于解决实际问

① S. 凯米斯，张先怡 . 行动研究法 (上)[M]. 教育科学研究，1994.

② 李启迪，邵伟德 . 体育教学基本理论研究 [M]. 北京：北京师范大学出版社，2014.

题，而研究成果能够用于教学实践之中[①]。行动研究法最早应用于民族学与社会学领域，现在广泛用于教育研究领域，是目前我国教学论研究者最常用的研究方法之一。与其他研究方法相比，行动研究法具有以下几个方面的特点。

第一，行动研究法的研究目的是为了解决教学过程中存在的实际问题，这些问题都是客观存在并且迫切需要解决的问题，因此要求研究者必须适应问题的研究环境，做到从根本出发，才能明确问题的实质，从而提出相应解决措施。

第二，行动研究法是以实践经验为基础、行动与观察相结合的研究方法，研究者能够通过调整计划的方式来改变行动，从而更好地进行研究工作。

第三，行动研究法的研究主体是由教师、行政人员、研究人员、学生家长等组成的研究小组。在研究过程中小组成员之间需要相互合作，才能使研究成果最大化。

第四，行动研究法具有广泛的兼容性与灵活性。在研究过程中，如果反馈的信息与预期要求不符，研究者可以及时调整研究方案，从而更好地适应研究过程。

综上所述，新时期高校体育教学研究的方法较多，并且具有各自不同的特点，这就要求研究者要充分了解研究任务和目的，与实际情况相结合，从而选择最合适的研究方法，以便于更好地开展研究工作。

---

① 毛振明 . 体育教学论 [M]. 北京 : 高等教育出版社 , 2011.

第三章　高校体育教学的发展与改革

第一节　当前我国高校体育教学的发展现状与存在问题分析

一、当前我国高校体育教学的发展现状

随着社会的不断发展，我国高校体育教学工作也取得了一定的进步，同时也存在着相应的问题，具体表现为以下几个方面：

（1）我国高校体育教育教学始终坚持以“育人”为总体目标，主要以提高大学生的体质健康水平为主，但是在实际教学过程中缺乏科学的教学方法与手段，导致在教学内容方面存在一定的问题。

（2）我国多数高校过度重视大学生对个别运动技能的掌握，没有做到从整体出发，从而忽略了大学生运动创造性和运动个性的培养。除此之外，一些学校忽略了学生的个体差异性，即不同专业的学生对运动项目的适应能力不同，严重挫伤了学生的运动积极性。

（3）我国高校体育教学主要集中在基础知识教学、基本技术教学、基本技能教学三个方面，而教学思想、教学方法等方面的创新不足，这就意味着大学生的体育创新能力会受到一定的限制。

（4）受功利思想影响，我国部分高校比较重视竞技类运动项目，没有充分考虑学生实际情况，这不利于培养学生积极参与运动的体育观念，也不利于学生形成正确的价值观念。

（5）我国一些高校对体育课程缺乏重视，缺乏体育配套设施，导致一些运动项目无法正常开展。另外，我国高校体育电化教学还没有完全普及，在雨雪天时无法保障体育教学进度。

（6）我国高校体育教学缺乏高素质的师资队伍，多数高校的体育教师都是技术型与训练型的教师，无法满足学生的综合性学习需求。另外，相对于其他学科的教师，体育教师的科研能力较弱，因此他们在创新教学观念、教学方法等方面存在一定的不足，这不利于高校体育教学和学生的长远发展。

二、当前我国高校体育教学发展分析

近几年来，我国高校体育教学逐渐受到人们的广泛关注，总体上呈现出较好的发展态势，但是在实际教学过程中依然存在一些问题，如教学观念落后、教学目标不明确、教学方法和内容单一等，不利于我国高校培养高素质的综合性人才。

（1）教学观念较为落后

从整体上看，我国一些高校教学工作者没有树立正确的师生观，始终坚持以教师为课堂的主导者，而学生作为课堂的被动接受者，这种落后的教学观念不利于吸引学生的注意力，甚至会导致学生产生排斥感。在具体教学过程中，学生只能通过教师的讲解和示范来学习相关体育运动知识，学生容易“学一课忘一课”，从而无法实现可持续性的体育教学。

（2）教学目标不明确

目前，我国高校体育教学以竞技体育课程为主，不够重视非竞技性体育项目的开展，这种不合理的课程设置无法满足学生全面发展的需求，导致学生无法形成终身体育观念。在具体教学过程中，体育教师更多地要求学生掌握个别体育运动项目，而忽视其他体育运动项目的开展，不仅无法满足学生多样化的需求，还会影响学生的运动积极性。

（3）教学内容和方法单一

部分高校过度追求运动成绩，将竞技性体育运动作为主要教学内容，忽视了学生的个人感受，这不利于高校体育教学的可持续发展。另外，竞技性体育运动就意味着学生要进行程序化的训练，从而影响学生对体育运动的学习兴趣，更难以达到增强学生体质的目的。目前我国一些高校体育教学中常用的是讲解、示范、练习、预防与纠正错误、巩固与提高的教学方法，这种教学方法过于依赖教师的指导，学生只能被动接受，从而极大地限制了学生的创新能力。

（4）教学评价舍本逐末

教学评价是对教师教学能力和学生学习能力的检测，可用于教学内容的改进与创新。但由于我国一些高校教学评价过度重视体育成绩，没有考虑到学生的具体情况，反而影响了正常的体育教学活动。

（5）教师的专业水平普遍不高

我国高校体育教学工作对体育教师的要求较高，而大多数体育教师偏向于技术教学、训练教学，无法满足学生全面发展的需求。据相关研究显示，一些体育教师并没有接受专业知识的培训或掌握的专业知识过于陈旧，导致自身的科研能力和创新意识不强，从而无法根据时代要求做出相应的改变。

第二节　我国高校体育教学改革的探讨

一、体育有效教学

（一）体育有效教学的概念

在我国高校体育教学中，体育有效教学指的是体育教师在教学过程中所实施的教学策略、教学方法与手段、教学组织与管理和学生学习与练习运动技术的两个方面都不低于平均水准的教学。通常情况下，体育有效教学应在“以学生为中心”的理念下实现教师教与学生学的统一。因此，在进行有关体育有效教学的研究时，必须要综合考虑教师的教学行为和学生的学习行为两方面的因素。

（二）体育有效教学的策略

1. 提高“学情分析”的有效性

“学情分析”指的是对学生学习方法、学习习惯、学习兴趣、学习成绩等多方面的分析。对于体育教师而言，要设计好课堂教学，就必须要做好“学情分析”。学情主要包括不同性别学生在体育活动兴趣方面的差异、学生学前的运动技术基础、不同年龄阶段学生的心理特点、班级课堂教学的氛围等方面的因素①。

2. 提高“教材分析”的有效性

“教材分析”指的是对教材的重难点、应注意的问题、解决问题的措施以及教材的地位和作用等方面的分析。在体育教学过程中，教师应对所有的体育教材进行分析，从而编制出适合学生学习的教案。另外，教师在进行教材分析时应注重以下两个方面：其一，单元教材分析；其二，教材在本课教学的课次和重难点的分析。

3. 提高体育教学目标设置的有效性

目前，我国高校体育的教学目标主要包括情感目标、认知目标、体能目标、技能目标等，其中运动技能目标最能体现体育课程教学的特点，因此被视为体育课程教学中最重要的目标，而其他目标最终围绕运动技能目标展开。

对于体育教师而言，不仅仅要分析运动技能目标，还需要对体育教学目标的整个体系进行分析研究，这就要求体育教师将体育教材的性质和体育课程类型的分析研究作为制定教学目标的起点，再根据学生具体情况制定出符合学生身心发展需求的教学目标。

4. 提高体育教学方法配备的有效性

在体育教学过程中，教学活动包括教和学两部分，要求教师与学生之间进行良性的互动。例如，教师在教学某个动作技巧时，会先对该动作进行分析说明和示范，布置练习任务，然后学生模仿教师动作。在模仿动作的过程中，教师会观察学生的表现，根据学生的表现再次展示动作技巧，而学生在观看后可以总结自身存在的问题并及时改进。教师在教学的过程中，根据学生的表现决定下一步的教学，而学生在教师的示范过程中不断改正自身存在的问题，从

① D 劳顿 [英].1988 年以来的英国“国家课程”[J]. 华东师范大学学报 .1996(04).

而实现了教师与学生的良性互动。

另外，体育教师在进行教学设计时，并不会运用到所有的教学方法，这就意味着教师要充分考虑体育课程的教学特点、学生的接受能力、教学用具等，从而选择最适合学生身心发展需求的教学方法。在具体实施过程中，教师要根据学生的理解程度及时调整教学进程，使学生能够在学习过程中不断挑战自己的极限。

5. 提高体育教学手段使用的有效性

教学手段指的是在教学过程中师生之间互动的工具、媒体和设备。教学手段与教学方法最大的不同在于，教学手段是看得见、摸得着的实物，而教学方法是抽象的思维方法。体育课堂教学中最重要的就是运动技术教学，而体育教学手段着重于物质层面的运动技术教学，并且不同运动技术具有不同的练习难度。因此，体育教师在进行教学活动时，必须要研究不同运动项目技术的难度要求，再设计出相适应的教学手段，从而使学生能够循序渐进地学习这些运动技术。

6. 提高场地器材布置的有效性

在体育教学过程中，场地器材的布置与学生的学习环境密切相关，而好的学习环境不仅能够提高学生的学习兴趣，还能够加强学生的学习积极性，从而促进学生学习，因此体育教师应重视场地器材的布置。在具体布置过程中，教师要将各类体育器材按照颜色、大小、类型摆放整齐，使学生能够以最快的速度获取想要的体育器材，让学生能够尽快投入到运动状态。

二、体育正当教学

（一）体育正当教学的内涵

在体育课程教学中，正当教学是指体育教师的教学行为和教学实践符合人类最基本的道德属性。从整体上来看，体育正当教学的内涵具体表现为以下几个方面。

（1）体育教学的合法性，即教师在符合法律法规的情况下进行有效的体育教学，一般被视为体育有效教学的最低要求。因此，体育教师在教学过程中要保障学生的各种受教育的权利。

（2）体育教学的合理性，即教师要在符合伦理道德要求的情况下进行有效的体育教学。伦理道德要求是对社会成员的特殊要求，能够对社会成员的行为形成一定的约束。将伦理道德要求与体育教学相结合，不仅能够促进学生体质健康发展培养，还能够培养学生的道德素养。

（3）体育教学的公平性，即体育教师在进行教学时不会因为学生资质不同而区别对待，而是对学生一视同仁。在具体实施过程中，教师要对资质好的学生进行教导，也要对资质一般的学生进行教导，从而保证每个学生都能够受到良好的教育。

（4）体育教学要以学生为中心。体育教学活动的最主要目的是培育优秀的学生，而不是实现其他利益或目的。因此，体育教师在教学过程中应尊重学生的主体地位，根据学生的实际情况来制定教学手段、教学方法、教学方案等。

（二）体育正当教学的策略

1. 保证每一个学生参与体育教学权益的正当性

体育是学校教学体系的重要组成部分，学生要成为德智体美劳全面发展的高素质人才，就必须要学习体育课程。因此，学校不仅仅要重视升学考试中的考试科目，也要重视锻炼学生体质的体育课程。首先，要保障每个学生参加体育课的权利。学生参加体育课属于接受教育的一种方式，而学生受教育的权利受法律保护，即便是体育教师也不能阻碍学生参加体育课。但在实际的体育教学过程中，体育教师并没有保障好学生参加体育课的权利，如一些必修课的教师以学习为由占用体育课时间，体育教师却无动于衷。

对于体育教师而言，他不能禁止学生参加体育课，其职责在于保障学生参加体育课的权利，激发学生的学习积极性。除此之外，体育教师不能对学生放任不管，对于缺乏运动积极性的学生，要及时给予心理疏导，使学生能够尽快地进入体育课程之中；对于扰乱课堂秩序的学生，要给予一定的批评教育，用自身独特的亲和力去感染学生，使学生能够尽快投入到学习状态中，并自觉维护课堂秩序。

2. 确保实施差异性与体育教学的正当性

由于每个学生的认知水平、学习能力都有一定的差异，这就要求教师根据学生的实际情况选择不同教学方法。在体育教学过程中，受不同性别、不同体质的影响，大多数学生的运动技术、身体素质等方面都存在着差异，这将影响学生学习某一体育运动项目的速度。在实际教学过程中，有些教师会不自觉地重视学习能力较好的学生，将更多更好的学习机会给予这些资质较好的学生，而那些学习能力较差的学生就被严重忽视，从而与其他学生的差距越来越大，这种教学方法无疑违背了教学的公正性。因此，体育教师要做好因材施教的教学工作，如果教学过程中出现了学习能力较差的学生，教师要给予一定的帮助，使他能够尽快赶上整体的水平。同时，教师还要把握好教学进程，不能过多关注个别学生而导致无法完成教学进度。教师在进行分组时，要充分考虑学生的运动能力、技术水平、身体素质等方面的因素，有针对性地进行教学，从而使每个学生都能找到适合自己的学习方法。

在体育教学过程中，有些学生会遇到技术错误和个体性问题，但其他学生却不会遇到这些情况，其原因是复杂多样的，有可能是学生个人学习能力导致，也有可能是教师的教学方法出现了偏差。在受到教师教学手段和方法的影响后，如果学生能够提高自身的运动技术水平，那么说明教师的教学方法是正当的；如果学生的运动技术水平没有提高，反而在不断降低，那么说明教师的教学方法还有待改进。

3. 确保体育教师领导作风的正当性

在体育教学过程中，体育教师是课堂中的主要领导者，其领导作用与企业管理中领导的作用相类似。从表面上看，体育教师是体育教学活动的主要组织者、实施者和管理者，但是实际上他们的职权受到了一定的限制，无法完全主导课堂，如其他课程教师霸占体育课时，体育教师只能让步。另外，体育教学活动是教师与学生的双向互动，教师能够影响学生，学生也能够影响教师。其中教师对学生的影响主要体现在言行方面，当体育教师自身谈吐得体、举止优雅时，这种影响就具有积极的作用；当体育教师行为暴躁、语言粗俗时，这种影响就具有消极作用。因此，教师要加强自身的道德修养、端正自身的行为，才能在学生心中树立威望，使学生不仅能够提高自身的体质健康水平，还能够提高自身道德修养。

4. 确保教学比赛与运动游戏的公平性、公正性

体育运动分为竞技性运动和非竞技性运动，其中竞技性运动要遵守公平、公正的原则，尤其是在规模较大的正式体育竞技比赛场合。但体育教学与正式比赛不同，前者强调运动练习，而后者强调运动成绩。在体育课程中，由于学生对运动项目的规则不熟悉，经常会出现违规运动的情况，例如在百米短跑的比赛中，学生在发令枪响前抢跑；在接力比赛中，学生没有接到接力棒就开始跑等。这些行为都已经违背竞技体育公平公正的原则，如果体育教师不加以制止和纠正，学生就会更加肆意地践踏规则，从而导致比赛毫无意义。

第三节　高校体育教学的发展与创新

一、高校体育教学的发展

（一）高校体育教学发展的背景

1. 社会经济的发展

对于高校体育教学而言，社会经济的不断发展能够为体育活动提供物质基础，从而促进体育教学方法的改革与创新。因此，社会和经济的不断发展是现代体育以及体育教学发展的重要保障。从整体上来看，社会经济的发展对高校体育教学的影响力主要表现在以下几个方面。

（1）经济的发展促进高校体育设施建设

随着素质教育的不断推进，为了更好地促进高校体育教学的发展，我国已经投入了大量的资金于高校体育教学之中，从而完善了高校体育设施和师资队伍，极大地促进了高校体育教学的发展。

（2）社会“文明病”的出现

在科学技术的影响下，人们的生活方式发生了较大的变化。虽然互联网为人们带来了便利，但也加剧了人们的懒惰行为，例如：人们的体力活动越来越少，导致自身身体机能逐渐衰退。除此之外，学生在日常生活中摄入过多的脂肪、糖类等高营养物质，导致自身出现肥胖、高血脂、冠心病等病症，这不利于提高青少年体质健康水平，因此必须加大学校体育教学力度，改善学生体质。

（3）社会压力的不断加大

随着社会经济的不断发展，生活节奏逐渐加快，人们面临的压力也越来越大。高校大学生即将踏入社会，不得不面临学业压力、就业压力、人际交往等问题，并且压力过大容易产生心理问题，这将不利于大学生向高素质人才方向发展。而体育运动能够缓解人们的精神压力，因此必须要加强大学生的体育锻炼，从而促进大学生的身心健康发展。

2. 教育事业的发展

高校体育的发展与改革作为整个教育体系发展与改革的重要组成部分，要推动高校体育的发展与改革，首要任务就是推动教育事业的发展。教育是国家发展的基石，能够为国家提供大量的人才资源，从而影响一个国家的综合国力和未来前景。正是因为教育事业的重要性，所以国家相应地出台了大量政策措施来促进教育事业的发展。例如：在党的十四大中，提出了要进一步转变教育思想，改进教学内容和教学方法，从而克服教育过程中存在的问题。再如：国家颁布的《中共中央国务院关于深化教育改革全面推进素质教育的决定》中强调了健康体魄是青少年为祖国和人民服务的基本前提，是我们中华民族旺盛生命力的体现。除此之外，在 1995 年颁布的《全面健身计划纲要》中提出全面健身计划要以全国人民为实施对象，以青少年和儿童作为重点，学校要全面贯彻党的教育方针，努力做好学校体育工作。这些政策措施不仅为教育事业提供了重要的政策支撑，还为高校体育教学的发展与改革提供了保障。

高校体育教学作为我国素质教育改革的重要组成部分，已经受到我国政府和社会各界人士的广泛关注，从而为高校体育教学的发展提供重要动力，使高校体育教学工作者能够在教学观念、教学形式以及教学内容等多个方面不断创新，从而实现高校体育教学的可持续发展。

3. 体育事业的发展

目前，我国大多数地区都在开展体育竞技比赛，国民的体育健身意识逐渐加强，从而营造了较为融洽的体育氛围，这为高校体育的发展提供了契机。另外，我国运动员在规模较大的国际体育竞赛中不断取得骄人的成绩，使人们逐渐对体育项目产生了兴趣，这将会推动体育相关产业的发展。为适应社会发展需求，我国高校必须要创新体育教学，从而为社会培育大量优秀的高素质体育人才。

（二）高校体育教学发展的措施

1. 确定合理的教学目标

教学目标指的是教师在教学活动中所期待获得的学习结果，是每个教师在进行教学活动之前必须设定的目标。体育教学作为学校重要学科之一，也同样要重视教学目标的设计。在 2002 年，我国教育部颁布了《学生体质健康标准（试行方案）》，其中就提到高校体育教学目标的设计标准，要求学生在体育教学过程中学习各项运动技能及其相关体育，了解有关运动项目的基础知识，并掌握一些运动锻炼方法和健身手段。学生如果能够严格按照教学目标来进行健身锻炼，就能够有效地提高自身的体质健康水平，从而促进自身的身心健康发展。

在制定体育教学目标之前，体育教师首先要充分了解学生的实际情况，从而制定出可操作性较强的教学目标，否则没有实际教学意义。通常情况下，教师制定高校体育教学目标要遵循以下两点。

（1）要始终坚持以提高学生的身心素质和适应社会的能力作为基础来制定教学目标，将学生个人发展放在第一位。

（2）要综合运用各学科知识，设置科学、合理的课程结构，使学生在学习体育知识的同时，也能学习到与体育学科相关的其他知识，从而促进学生全方位的发展。

2. 提高教学工作的质量

与其他理论性学科不同，体育学科更侧重于实践，因此体育教师要更加注重运动理论与运动实践的结合，从而保证体育教学工作的质量。为了更好地提高体育教学工作的质量，体育教师应以《普通学校体育课程教学指导纲要》为标准，再根据本校学生的实际情况来制定科学有效的教学计划，并选择相应的教学方法和手段，从而满足学生对体育课程的需求。另外，体育教学管理部门和体育教师要不定期地进行教学监督与教学评估，并根据评估反馈情况，不断改进体育教学方法，从而保证体育教学活动能够持续有效地展开。

3. 提高教师的专业水准

在体育教学活动中，体育教师是体育教学的重要主体之一，是体育教学计划的主要制定者，对整个体育教学活动具有重要的影响作用。因此要提高体育教学的水平，首先要提高体育教师的专业能力，然后打造一支高质量、专业性强、责任感强的体育教师团队，为学生提供优质的体育教学。

目前，体育教师主要有两种方式提高自身的专业水平。其一，对于在职体育教师而言，他们可以通过参加在职体育教师的在岗或脱岗培训，提高自身的专业技能水平和责任意识；其二，对于年轻体育教师而言，他们可以通过参加入职培训和在岗培训，提高自身的教学水平。

在体育教师的培训与再培训过程中，要及时更新教师的知识结构与教学理念，使他们的教学理念能够提升至先进的行列中，并在此基础上加强对教师专业技能的培训，从而提高教师的综合素质，为给学生提供更优质的理论知识与专业技能的教学奠定基础。另外，一线体育教师是现代体育教学改革的重要实践者与引导者，他们的理论与实践能力会影响其他体育教师的发展。因此，一线体育教师要积极参与到培训工作中，用自身的专业理论知识与科学实践经验来影响其他体育教师，从而促进高校体育教学的发展。

4. 加强硬件设施投入与管理

在体育教学中，大多数运动项目都依赖硬件设备，如足球、篮球、网球等，因此硬件设备对体育教学具有重要的影响作用。近几年来，在高校扩招的影响下，在校大学生的数量越来越多，逐渐出现了体育资源不足的情况。为了保证高校体育教学的正常开展，体育教育管理部门应加大对高校体育经费与体育资源的投入，保障每个学生都能够参与到体育锻炼之中。另外，还要加强对高校已有场地或体育设备的检修与完善，确保学生在使用体育场地与设备时的安全。

在完善体育场地与设备之后，学校要加强对体育场地与设备的管理。由于在校学生数量越来越多，会加大对体育场地和设备的损耗，容易出现设备损坏或老化的情况，因此为了更好地进行体育教学活动，使体育场地和设备的使用价值最大化，学校必须要加强学生爱护公共财产的教育，定期对体育场地和设备进行保养，制定科学、合理的体育器材管理制度。

5. 革新教学思想并落到实处

教学思想指的是教学工作者对教学活动的理解与认识，它产生于教师长期的教学实践。教学实践会促进教学思想的进步，而教学思想能够为教学实践提供理论指导。

在现代体育教学中，体育教学管理部门和一线体育教师是现代体育教学思想的先行者和实践者，这就要求他们在传统体育教学思想的基础上做好体育教学思想的创新工作，并且在创新性体育教学思想的指导下进行体育教学实践。体育教学思想的创新并不是一蹴而就的，它需要建立在教研工作者长期的教学实践基础上，然后将新的体育教学思想运用到教学实践当中，最终实现体育教学思想的可持续性创新和进步。

二、高校体育教学的创新

（一）教学思想的创新

在高校体育教学中，体育教师应始终坚持以“健康第一”“求知创新”作为教学思想，并将“健康第一”的思想与体育学科建设紧密地联系在一起，使学生在体育课堂中逐渐形成终身体育观念，从而促进我国素质教育的发展。

推进素质教育对我国高校体育教学的发展具有重要意义，学生在体育教学过程中不仅能够掌握丰富的运动技能及其相关理论知识，还能够不断提高自身体质健康水平。在高校体育改革过程中，要逐渐转变学生“成绩第一”的固化思想，重新认识体育课程的学习目标、学习内容、学习方法等，从而构建出全新的高校体育教学体系。

（二）体育教学过程的本质与主要目标的创新

高校体育教学的过程并不是直接的身体锻炼过程，重教学轻实践的体育教学无法满足学生增强体质的需要，因此不能将体育教学等同于体育健身。在我国目前的体育教学过程中，要逐渐加强学生健身意识、运动能力、习惯的培养，使高校大学生能够通过体育课程增强自身的体质，树立终身体育的观念，否则体育教学将流于形式。除此之外，体育教学目标要从“以增强体质为主”向“健康第一”的理论转变，并制定出相应的教学计划，使学生能够充分了解运动健身的重要意义，从而积极参与到体育课程当中。

综上所述，随着我国素质教育的不断推进，应加大对高校体育教学的重视，加强对学生体育能力的培养，从而使学生适应社会发展的需要。另外，为了更好地实现学生的全面发展，应综合其他学科知识进行体育教学，加强学生的人文教育和体育精神的培养。我国现阶段的高校体育教学中依然存在一定的问题，因此要求体育教学管理部门与一线体育教师加强自身的创新意识，并将其运用到具体的教学工作之中，最终实现高校体育教学的可持续发展。

第四节　我国高校体育教学发展的趋势与对策

一、我国高校体育教学发展的趋势

（一）重视学生的终身体育教育

终身体育指的是人们终身进行身体锻炼和接受体育教育。体育作为学校教育中的重要组成部分，终身体育教育可以通过学校教育来实现。联合国教科文组织认为人们要重视教育的作用，不能仅仅将教育视为一种手段，要将教育作为达成某种目的的必由之路。人们通过接受教育能够进一步挖掘自身的潜力，从而成为更有价值的人才。随着时代的发展，社会各行各业提高了对人才的要求，其中身体素质逐渐成为人才考核的重要标准。因此，在现代高校体育教学过程中，我们不仅要加强培养学生对社会的适应能力和创新意识，还要加强学生终身体育观念的培养，从而为社会提供大量全面发展的高素质人才，进一步促进社会的发展与进步。

（二）重视体育课程的深化改革

从我国高校体育教学的发展趋势来看，我国高校体育教学工作的重心将逐渐转移到体育课程的深化改革。在这段过渡期内，高校体育教学工作者应做好以下几个方面的工作。

（1）在设置高校体育课程的过程中更加尊重大学生的个性需求，通过构建弹性化的课程内容结构，最大程度地满足不同学生对自身的要求。

（2）在设置高校体育课程的过程中更加重视学生的全面发展，在进行理论教学的同时，也要重视培养学生的实践能力，使学生逐渐形成终身体育的观念，最终提高学生的综合素质。

（3）在设置高校体育课程的过程中加强学生对体育认知经验的掌握，使学生在具体实践过程中形成和发展自身的体育态度、体育经验、体育价值观以及体育情感。

(4) 在高校体育教学中逐渐弱化运动成绩的作用，使学生能够专注于锻炼自身的体质，从而实现全面发展。

(5) 在高校体育教学中，充分发挥体育教师的作用，从而制定更加科学、合理的课程管理方案，为学生提供更加优质的教学服务。

(三) 重视野外生存训练与拓展训练

在高校体育教学中，野外生存训练与拓展训练也是重要的教学内容，教师通过有组织、有计划地设计野外生存项目，使学生学会适应自然环境和社会环境，从而加强学生在面临困难与挑战时的心理素质。经常进行野外生存训练与拓展训练不仅能够锻炼学生的身体，还能够磨砺学生的意识，从而满足适应社会发展的需要。

(四) 高校体育的课内外与校内外一体化

课程指的是教师为了实现课程目标所组织的一系列课内外活动的总和。现阶段，我国体育课程改革是在大课程观的指导下将体育课堂教学与课外、校外的体育活动纳入整个课程之中，从而实现课内外、校内外有机结合的课程结构。其中，大课程观的确立为我国高校体育教学实现课内外与校内外为一体提供了理论依据。在《中共中央国务院关于深化教育改革全面推进素质教育的决定》中明确提到了学校要树立“健康第一”的指导思想，切实加强体育工作。因此，学校在开展体育教学活动之前，先要贯彻落实“健康第一”的指导思想，在课内外、校内外一体化的课程改革过程中，使学生能够不断增强自身的身体素质，从而实现全方面的发展。

因此，在高校体育教学过程中，要充分创新和运用体育课程资源，加强体育教师、班主任、校医、学生干部、辅导员等相关人员之间的联系和合作，从而设计可行性较强的体育课程教学计划，创新体育课程教学方法，综合运用课外与校外的体育活动方式，使高校学生身心发展需要得到满足。

(五) 关注竞技体育在高校体育中的地位

竞技体育指的是以运动成绩为主的竞争性体育活动，与非竞技体育共同组成了社会体育文化。在高校体育教学中，开展竞技体育不仅有利于培养学生的运动兴趣，还能够锻炼学生的身体和提高学生的运动能力，并且教师可以通过运用竞技体育的竞争性激发学生的竞争意识和团队意识，从而培养学生积极向上的学习态度和勇于拼搏的精神。竞技体育在高校体育中的地位主要表现在以下几个方面。

(1) 竞技体育能够满足学生身心发展的需要，由于高校学生的自我意识较强，他们急于证明自我价值，因此他们会积极参与到校园竞技体育活动当中。

(2) 校园竞技体育文化是最受学生欢迎的一种校园文化，学生能够通过参加竞技体育项目来丰富自身的课余生活。另外，如果学生代表学校参加大型的体育竞技比赛，能够起到一定的宣传作用。

从整体上看，发展竞技体育对学生、学校、社会都具有重要意义，因此高校体育教研工作者应加大对竞技体育的重视，进而培育优秀的竞技体育运动员或科研工作者。

二、我国高校体育教学发展的对策

（一）将终身体育作为体育教学发展指导思想

终身体育作为一种重要的思想观念，能够引导人们坚持体育锻炼，保持自身良好的身体素质。在高校体育教学中，树立终身体育的思想对我国体育教学的发展具有重要意义，终身体育不仅能够作为体育教学目标改革的指导思想，还能够作为学校体育教学发展的落脚点。现阶段，树立终身体育的观念要求体育教师做好引导工作，使学生能够科学认识和理解体育的机制，端正学习体育的态度，始终坚持追求体育锻炼的价值，掌握体育锻炼效果评价与反馈的方法，从而形成终身体育能力，为终身体育锻炼奠定基础。

（二）以课程目标调整为体育教学发展重点

高校体育教学最主要的目的之一是提高学生的体质健康水平，这也是体育的本质要求。在高校体育教学过程中，教师在调整体育教学课程目标时应注意以下两点：其一，尊重学生的个性特点。学生是体育教学中的主体，因此在调整体育教学课程之前，体育教师应该充分了解学生的需求，使学生能够积极地参与到体育教学过程当中，然后再相应地培养学生的竞争意识和创造能力；其二，重视学生对体育知识、技能与方法的掌握。对于学生而言，他们的运动动机主要来源于自身的体育素养，而体育素养与学生的体育知识、技能与方法密切相关。因此，为了激发学生的运动积极性，必须要加强学生对体育知识、技能与方法的学习。

（三）以丰富教学内容为体育教学发展途径

为了更好地促进体育教学可持续发展，体育教师应培养自身的创新意识，从而不断更新教学内容，使教学内容丰富多样。在具体实施过程中，体育教师应注意以下几个方面。

(1) 重视体育教学内容的科学性与逻辑性。高校体育教学的教学对象是大学生，因此在设计体育教学课程时，应坚持遵循大学生的身心发展规律，并根据学生的实际情况再安排教学内容。

(2) 重视体育教学内容的多样性与趣味性。一方面，由于每个大学生的个性不同，因此他们对体育教学内容的需求不同，而多样化的体育教学内容能够满足不同学生的需求，有利于促进体育教学的开展；另一方面，重视体育教学内容的趣味性，能够有效地激发学生的运动积极性，从而使学生能够充分了解体育教学的内容与体育锻炼的意义。

(3) 重视体育教学内容的通用性和民族性。在高校体育教学中，教学内容的通用性主要指的是该教学内容能够满足各种类型学生的学习需求，属于现代学校体育教学内容的主体；而教学内容的民族性主要指的是该教学内容具有明显的地域特色，能够满足学生对少数民族传统体育文化的学习需求。

（四）建立综合性的体育教学体系

在高校体育教学中，学生是整个教学活动的重要主体，因此在建立体育教学体系时应充分考虑学生的发展需求。换言之，综合性体育教学体系的建立是以学生的个性化发展为前提，而不是盲目的、无计划的。从体育的角度来看，体育教师应通过设计科学、合理的教学课程来适应学生的发展需求，最大程度地促进学生身心健康发展，从而使学生逐渐成长为多个方面综合发展的高素质人才。值得注意的是，学生的个体需要与社会需要是辩证统一的，因此在促进学生个体发展的同时，也是在促进社会整体的发展。

第四章 新时期高校体育教学目标改革研究

随着时代的变迁，新时期高校体育教学工作已经发生了较大的变化，而过去所设定的教学目标已经无法适应当前高校体育教学的发展，因此为了更好地适应时代的发展，必须要及时地对高校体育教学目标进行改革。本章从时代发展的角度出发，对新时期高校体育教学目标进行研究，并分析了高校体育教学目标与教学目的的协同，为确定目标提供了新的思路。

第一节 高校体育教学目标的主要特点

体育教学目标是指在体育教学实践中，教师根据实际情况所制定的预期目标。它不仅是开展体育教学工作的前提，也是开展体育教学活动的最终目的。另外，体育教学目标还为体育教学活动的发展指明了方向。事实上，任何体育教学活动都是围绕体育教学目标为中心而展开的。新时期高校体育教学目标的特点具体表现为以下六点，分别是导向性、系统性、可行性、灵活性、可测性、层次性。

一、导向性

体育教学目标为体育教学活动提供了重要的方向，对教学设计、教学评价以及教学过程的组织与实施等具有一定的制约作用。通常情况下，如果体育教学目标是科学合理的目标，并且教师能够严格按照教学目标来开展教学活动，那么教师一般能够获得较好的教学成果。但是如果教学目标不科学不合理，那么教师按照这种教学目标开展教学活动会出现一定的偏差。因此对于体育教师而言，要使教学活动达到理想的效果，必须要重视教学目标的制定，并严格按照教学目标来开展体育教学活动。

二、系统性

从整体上看，体育教学目标是由多个目标共同组成的目标，其中包括能力目标、情感目标、认知目标、技能目标、方法目标等。虽然实现这些目标的难度与程度不同，但是它们会直接或间接地对体育教学的整体目标产生一定的影响，从而影响整个体育教学活动。

在新时期的体育教学研究过程中，研究者要明确组成体育教学目标的各个目标都不是孤立的个体，这些目标之间相互促进、联系密切。为了更好地开展体育教学活动，研究者应当从整体着手去研究某个具体的目标，然后逐个击破，最终实现整体的体育教学目标。

三、可行性

在制定高校体育教学目标的过程中，教师不仅要考虑目标本身的价值，还需要考虑实现目标的可能性。如果目标不够具体，并且具有一定的实现难度时，那么该目标存在的意义就不大，同时教师也难以完成该目标。换言之，教师先要制定具体、清晰、可行的体育教学目标，才能够更好地开展高校体育教学活动。因此在新时期高校体育教学活动中，教师所制定的教学目标应当具有能够通过努力实现的特点，即目标具有可行性。

四、灵活性

体育教学目标的灵活性表现为对体育教学目标进行适当的调整，从而更好地完成目标。在新时期的体育教学研究过程中，体育教师要充分考虑学生的身心发展阶段、体育能力、体育教学与锻炼情况等因素，制定与学生实际情况、教学条件相适应的目标，从而创造性地开展教学工作。这要求教师正视学生的实际情况，充分考虑学生个人的发展需求，从而激发学生的学习积极性，体现出学生在教学活动中的主体作用。灵活地制定教学目标能够促进学生全面发展，从而更好地适应社会发展的需求，也充分体现了“以学生为主体”的教学思想。

五、可测性

体育教学目标的可测性表现为教师通过特定的方式来检验自身完成教学目标的可能性，而学生可以通过完成相应题目的方式来明确自己与目标之间的差距。新时期高校体育的教学目标不仅是教师开展教学活动的重要标准，同时也是衡量教师教学活动成效的标尺。在高校体育教学活动中，教师通过对教学目标的要求与学生情感、技能、认知等方面的对比，能够明确教学内容、教学手段、教学环境等因素的运用及其效果，并根据其中存在的问题对教学活动进行调整，从而更好地开展体育教学活动。

六、层次性

新时期体育教学目标的层次性主要表现为以下两个方面，分别是教学目标呈渐进式和教学目标具有阶段性。

（一）教学目标呈渐进式

体育教学目标的形式为渐进式，这意味着较低层次的最终目标可能表现为较高层次的阶段性目标或者表现为较高目标的具体形式；而较高层次目标的实现，可能以较低层次的目标作为手段或者基础①。以终身体育观念为例，人们主要是通过锻炼习惯、健身方法、运动技能等基础上形成终身体育的观念。同理，在具体的体育教学中，学生学习跨栏跑动作的基础动作就是跑，而学生要提高自身跨栏跑的能力，首先必须要提高自身跑的能力，从而层层递进。

（二）教学目标具有阶段性

体育教学的阶段性是由学生的身心发展阶段所决定的，这是因

① 教育部引发《全国普通高校体育课程教学指导纲要》文件，1992.

为学生所处的阶段不同，因此他们具体的教学目标也不同。与初、高中阶段的学生不同，大学生能够明确自身身心发展所处的阶段，并选择符合自身发展的体育运动项目来提高自身的身体素质和体育素养，从而更好地适应社会发展的需要。另外，在不同阶段的体育教学过程中，教师制定的教学目标之间存在相应的联系，从而反映出体育教学目标的阶段性与连续性。

第二节　新时期高校体育教学目标的功能指向

新时期高校体育教学工作对教学目标的要求越来越高，因此教师应当根据学生和自身的实际情况来制定具有多个功能的教学目标，其中主要的功能应包括导向功能、激励功能、评价功能、协调功能。

一、导向功能

教学目标是教师在体育教学活动中可能会达成的目标，它代表着教师开展体育教学活动的方向，使教师和学生能够明确自身的教育目标与学习目标。除此之外，教学目标还能够推动教学设计、教学过程等的组织与实施。当教师制定了科学、合理的教学目标并且能够严格按照教学目标开展教学活动时，那么就有可能取得良好的教学效果；当教师所制定的教学目标存在问题并进行相应教学活动时，那么就无法取得良好的教学效果。

因此，教师在开展体育教学活动之前，一定要先确定科学、合理的教学目标，然后严格按照教学目标来开展体育教学活动，从而保证教学活动能够顺利地完成。

二、激励功能

科学、合理的教学目标能够满足学生身心发展的需求，因此促进学生积极主动地学习，从而更好地达成教学目标。相关研究显示，体育教学目标的激励功能在以下三种情况中表现得更加明显。

第一，当体育教学目标能够满足学生的内部需求时，学生就会积极地参与体育教学活动，从而满足自身的内部需求，如长高的需求、增强体质的需求等。

第二，当体育教学目标与学生的兴趣保持一致时，学生就能够缓解自身的学习压力，将体育教学活动视为放松身心的休闲活动，从而积极主动地参与到体育教学活动当中。

第三，当体育教学目标的难度适中时，就能够吸引学生的注意力，从而激励学生参与体育教学活动。如果体育教学目标的难度较高，学生容易产生畏惧心理，从而无法有效地开展体育教学活动；如果体育教学目标的难度较低，就会导致体育教学活动失去意义。

三、评价功能

在新时期高校体育教学过程中，教师能够从教学评价中得到有价值、有意义的信息，并改善教学过程，从而使体育教学活动更加科学合理。教学目标作为教学评价的重要标准之一，其评价功能具体表现为以下两个方面。

第一，在体育教学活动中，教学目标的完成情况是体育教学效果评价中的重要内容之一。

第二，虽然教学目标不能决定体育教学中体育课程质量、教学工作质量等，但是具有一定的影响作用，因此教学目标可以作为教学评价的标准。另外，在体育教学活动中，教师的授课情况和教学工作的水平是由学生的学习情况和身心变化情况决定的。

由于教学目标具有评价功能，能够影响教学评价，因此人们对于教学目标的研究工作从未停止。以布卢姆的教育目标分类学为例，将各个学科的教学目标按照一定的标准进行排列，以便于更好地进行教学评价。

四、协调功能

体育教学目标具体表现为体育教学系统内部各个组成要素的功

能聚合点。在体育教学活动中，教师能够通过教学目标的协调功能，协调体育教学系统中各个要素，从而发挥体育教学的整体效能，并反作用于体育教学目标的制定工作，从而实现体育教学效果最优化。

体育教学目标与新时期高校体育目标在内涵方面存在明显的差异，因此不能将新时期高校体育目标等同于高校教学目标。在制定体育教学目标的过程中，教师首先应当充分了解和研究教学理论，使自身的教学理论体系得到确立，然后在教学手段、教学方法、教学内容以及教学环境和教学动作等方面以实现新时期高校体育教学目标的最优化为出发点，从而发挥教学目标的综合效能，并提高高校体育教学目标的整体效果。

第三节　新时期高校体育教学目标确立的思考

新时期高校体育教学活动中，教学目标的确立是开展体育教学活动的前提和基础。同时，教学目标是教学活动追求的标准。如果没有教学目标提供方向指导，那么体育教学活动将无法开展。因此，在确立体育教学目标时，教师要充分考虑以下几个方面。

一、以教学的视角进行思考

受传统认知观念的影响，大多数体育教师对体育教学目标和新时期高校体育目标存在错误认知，将二者视为同一目标，从而导致在确立新时期高校体育教学目标时出现了一些问题。因此，在确立新时期高校体育教学目标之前，人们必须先明确体育教学目标与新时期高校体育目标是两个不同层次的目标。学校开展教学活动的目的是为了促进人的社会化。同理，开展高校体育教学活动的目的也是为了促进人的社会化。因此，体育教师在确立体育教学目标时应充分考虑人的社会化因素。

目前，从体育运动的功能以及体育运动在学校教育中的作用来看，新时期高校体育教学活动面临的问题主要有两个：其一，为面向社会练习的全民健身和学校体育的问题；其二，为面向个体练习的终身体育能力以及意识的问题，在新时期高校体育教学目标中则表现为培养学生体育能力与健身意识的问题。

因此，要想顺利地开展全民健身运动，应先满足以下两个重要条件。

（1）人们应当重视体育健身运动，充分了解健身的作用，并能够积极主动地参与体育健身运动。

（2）人们应当具备一定的体育能力，并且能够运用科学、合理的手段进行体育健身活动。

在高校体育教学活动中，不仅要培养学生的体育健身意识，还要培养学生的体育能力，从而为全民健身运动提供高素质的体育人才。这意味着在新时期高校体育教学目标中要求加强体育教学活动与全民健身之间的联系。

二、将满足主体和社会的需要相结合

学校教育的目的是为社会提供高素质的人才，从而促进社会的发展与进步。体育作为学校教育的重要组成部分，同样要为社会发展服务。与其他学科教育不同，体育的教育目的是为了提高学生体质健康水平和促进学生身心全面发展，从而为社会培养一批具有丰富体育锻炼知识、身强力壮的高素质人才。同时，这也是新时期高校体育目标所追求的境界和理想目标，但是在具体的实践过程中仍然存在一定的问题。除此之外，高校体育教学也是为实现这一目标而服务的，因此高校体育教学工作要从社会需求出发，从而使学生能够更好地适应社会的发展。

另外，体育教育工作者还要考虑学生的需求。对于学生而言，只有自身的各项需求得到极大的满足，才能更好地激发学生的潜力。从社会发展的角度来看，学生是未来社会的重要人才资源，学生需求的满足会直接影响到社会需求的满足。无论是社会需求还是学生个人需求都具有不同的特点，并且二者的侧重点也有所不同。

（1）社会需求，它的侧重点为公民素质以及劳动者的一般需求，并且针对不同的群体会提出不同的要求，是一种宏观层面的需求。

（2）主体需求，它的侧重点为具体的、个人的需求，不仅要满足社会认同的价值观念，还要满足个人发展健康的个性需求、享受竞技成绩带来的喜悦以及运动锻炼带来的喜悦。

综上所述，在新时期高校体育教学中，高校体育教师首先必须要明确学生的个人需求再制定相应的教学目标，然后根据教学目标来制定一系列的教学计划。只有满足学生的个人需求，才能激发学生对体育的兴趣和形成学生体育锻炼的能力，从而积极主动地参与体育锻炼，最终满足社会需求。否则，学生会将体育锻炼视为一种负担，从而对体育课程产生逆反心理，就无法更好地锻炼身体以及提高自身的健康水平，导致社会缺乏具有体育锻炼知识的高素质人才。

三、可按实际情况及时调整

在新时期的高校体育教学过程中，教师的教学目标应具有一定的灵活性，从而适应一些突发的特殊情况。高校体育教学活动是较为复杂的一个教学过程，其中的影响因素较多，如教师、学生、教学环境、教学条件等，并且这些因素具有不可控性。即便在实施之前已经制定了详细、周密的教学目标，并且体育教师已经明确了教学内容，但还是会受到一些因素的影响，导致体育教学无法按原计划展开。这就要求体育教师在制定教学目标之前要充分了解各方面因素的实际情况，并且能够根据实际情况进行相应的调整，从而更好地开展体育教学活动。

四、兼顾学生的现实基础和发展潜力

在新时期体育教学活动中，体育教师要充分运用体育教学目标的评价功能，通过教学目标的达成程度来评价体育课程的教学效果，其中教学目标的达成程度主要是以学生的表现作为评价标准。另外，体育教师还要重视教学目标的激励功能，使学生能够明确体育锻炼的价值，从而激发学生参加体育课程的积极性与主动性。总而言之，新时期高校体育教学目标的制定应以学生作为主体，从而更好地开展体育教学活动。

对于学生而言，由于自身的生活环境以及个性的不同，会导致他们的心理发展与生理发展存在一定的差异，并且这些差异会随着时间的推移表现得更加明显，进一步影响学生体育文化素养、体育能力、体育锻炼意识的发展。这要求体育教师必须要正视学生的差异性，根据学生的不同个性来制定不同的教学方案。如果体育教师只坚持从整体出发，而忽视了学生的个性，那么教学目标的评价功能和激励功能就难以实现，从而影响体育教学活动的展开。

体育教师的教学对象是全体学生，因此要根据所有学生的需求来制定教学目标，从而促进每个学生的身心发展。这要求体育教师在制定高校体育教学目标时，必须要从大多数学生的现实基础和发展潜力出发。另外，在实际操作过程中，体育教师还要解决一些现实问题，如教学目标的达成程度、学生个人的发展水平等。

在过去的体育教学活动中，体育教师主要是通过学生体育技能达标情况和体育知识测验来进行体育教学评价工作。这种评价方式与其他学科的教学评价相似，在一定程度上有助于衡量学生的运动水平，但是这种评价方式的评价标准过于单一，无法客观地表现学生的生长发育水平、心理发展程度以及体育能力。因此，在新时期高校体育教学活动中，体育教师要充分发挥自身的主观能动性，根据学生实际情况制定出科学合理的教学评价方式，从而更好地开展体育教学活动。

第四节　新时期高校体育教学目标与体育教学目的的协同

在高校体育教学活动中，教学目标与教学目的的协同关系是指学校体育教学目标与体育教学目的应保持一致，通过一定的教学方式将教学目的渗透、内化、分解到教学目标之中，然后发挥教学目的与教学目标的作用，从不同的角度、层次来主导高校体育教学，进一步实现各个阶段的教学目标，最终实现高校教学目的。通常情况下，在确定了教学目的之后，就能够明确教学目标。在本节中，我们将从教学思想、教学内容与教学方法、教学评价三个方面对新时期体育教学活动进行分析。

一、树立正确的教学思想

教学思想对体育教学活动具有重要的指导作用。通常情况下，不同的社会意识形态还会产生不同的教学思想，这意味着体育教学思想不仅要符合社会发展的规律，也要符合体育认识的规律。从体育运动的本质来看，其目的在于提高人们体质健康水平和满足人们的身心发展需求。随着社会的发展，人们的物质生活得到极大地满足，因此人们会越来越重视体育运动，将体育运动作为娱乐活动以及健身项目，并且随着人们终身体育的观念越来越强，体育运动将会成为人们日常生活中不可或缺的一部分。

在新时期高校体育教学过程中，体育教师首先要培养学生的体育锻炼意识，使学生能够意识到体育锻炼的重要性，并对体育课程产生浓厚的兴趣，然后再传授科学的锻炼方法，增强学生的体质，并使学生逐渐形成终身体育的观念，从而促进学生的心理健康与生理健康的发展。

二、选择正确的教学内容与方法

（一）教学内容

在新时期高校体育教学活动中，体育教师不仅要考虑教学内容的生物性价值，还要考虑教材内容的教育性价值。另外，体育教师还要重视体育教学内容的科学性与时效性。为了更好地适应时代发展和实现健康教育与现代体育的结合，体育教师应当将体质健康水平评价、运动技能与手段的掌握、身体锻炼知识、运动技术原理等有机结合，并贯穿于体育教学活动的始终。

（二）教学方法

在过去的体育教学活动中，由于教学方法过于单一、教学模式过于僵化，导致学生对体育教学的兴趣不高。在新时期高校体育教学中，体育教师要以学生作为体育教学活动的主体，并综合运用多种教学方法，从而更好地开展体育教学活动。目前常见的体育教学方法有："磨难体育"教学方法、"快乐体育"教学方法以及课内、课外相结合的体育教学方法。

1."磨难体育"教学方法

这种教学方法要求体育教师制定出一套具有一定难度的挑战项目，使学生通过难度较高的挑战，不断挑战自身的极限，进一步磨炼自身的意志、提高自身的体育能力。

2."快乐体育"的教学方法

这种教学方法要求体育教师通过营造轻松、愉悦的体育教学环境，缓解学生的学习压力，从而最大限度地激发学生学习体育的兴趣，并在轻松、快乐的学习环境中提高自身的体质健康水平。

3. 课内课外相结合的体育教学方式

这种教学方式要求体育教师不仅要在课内传授体育相关的知识与技能，培养学生的体育意识，还要在课外组织学生积极进行体育锻炼活动，从而实现课内教学与课外实践的有机结合，进一步提高学生体质健康水平和培养学生终身体育的观念。

三、建立科学的教学评价体系

在新时期高校体育教学活动中，教学评价的作用具体表现为导向作用，因此要求教师与学生科学、合理地对教学活动进行评价，从而更好地发挥高校体育教学目标与教学目的的协同作用。体育教师在进行教学评价时，既要做到客观地评价体育教学的结果，还要做到从整体出发对整个体育教学活动进行评价。教师在评价学生时，不能仅通过学生对体育技能的掌握程度或通过学生的体质健康水平来反映教学效果，因为这种评价方法具有一定的片面性，无法全面地展现学生的学习情况。教师应当从未来和发展的角度出发，采用能够反映学生提高幅度和对学生产生深远影响的评价方法，并将体育教学的过程评价与结果评价相结合，从而建立科学的教学评价体系。对于体育教师而言，开展教学评价工作能够更好地调整自身的教学计划，从而明确体育教学的目标，以便于更好地实现体育教学的目的。

总而言之，在新时期高校体育教活动中，体育教师必须要重视教学目的，并根据教学目的来制定相应的教学目标。但在教学实践过程中，体育教师要根据实际情况来调整教学目标，例如：为了更好地培养学生可持续发展的意识，教师不仅要充分考虑增强学生体质的途径，还要充分考虑学生的智力目标、人文目标、社会目标等。只有实现教学目标与学生多个目标的有机结合，才能更好地发挥体育教学目标与教学目的协同一致的作用。

第五章　新时期高校体育教学课程改革研究

在新的时代背景下，高校体育教学的需求日益增加，相应地高校体育教学课程必须满足需求，所以教学课程要与时俱进、不断调整并丰富其内容。本章主要对高校体育教学课程改革进行分析研究。

第一节　国外体育课程改革情况分析

一、美国体育课程的改革

（一）体育课程改革的背景

1. 学校体育的危机

1983 年美国出台了《国家处于危机中》报告书，指出美国青少年学生的基础教育存在严重问题，教育正处于危机之中。于是美国打出“优秀教育”的口号，开始了长期的教育改革。由于学校体育一直被认为是一门单纯迎合学生的课程，不仅毫无价值，占用了基础教育的时间，所以此次教育改革对学校体育的打击很大，学校体育的地位逐渐衰退，学校体育的危机也愈发明显。

2. 产生体育危机的原因

体育教育受到几乎毁灭性的打击是有原因的，这是因为美国学校体育本身存在许多问题：

（1）体育教学制订的计划以及实际取得的成果质量不高，造成社会对学校体育的信任度不高，从而无法取得社会各界人士对体育的认可和重视。

（2）在体育的教学中缺乏正确、规范的教学计划，出现了很多常规性的错误，例如：对体育教师的培训和培养完全不够，甚至连体育设备与设施的数量都无法保证。

（3）学校体育教师及相关负责人对于学生在运动中出现的问题，未能提出具有针对性且行之有效解决方案，未能帮助学生改进运动方面的不足，从而造成教育职责的欠缺。

（4）体育课程的设置不合理，教学的时间太短，学生人数却众多，体育课的实效性过低。

（5）学校管理层不重视体育教学，忽略体育教师的职责，对体育教师缺少监管。

（二）体育课程改革的特点

1. 强调体育的学科性

体育不仅仅是指简单的运动，它包含了各个学科中多方面的知识，例如：运动心理学、运动生理学、体育社会学等，并将科学研究成果运动到实践当中，是理论与实践结合的一门学科。体育是涉及多方面的学科，与人有关，与人与人之间的关系有关，不仅适应于个体，也适应于社会生活，所以体育有利于人的全面发展。

2. 重视健康体能的教育

上世纪 70 年代以后，美国社会生产力进一步发展，对于国民的健康和体能要求越来越高，整个美国社会对于提升体能的重视度也随之高涨，短时期内体适能项目在社会上风行，专家们相继开发了许多体适能项目，例如：总统挑战、体适能测验、体适能实验、最佳体适能等。美国卫生部发布的健康生活指南中多次提到运动对健康的好处，倡导国民重视并积极参与体育活动，多次强调体育对于改善国民健康、体能状况的作用。

3. 发展运动特有价值的运动课程

在人们固有的观念里，体育与运动是等同的关系，所以认为体育课程的内容就是学习运动的各项技能。这种理解是片面的，因为体育包含运动却不仅仅只有运动的技能，如果只是学习运动的技能，一方面，这种学习是动作的不断重复，学习过程单调乏味，学生难以坚持；另一方面，学习的运动技能没有得到比赛中的实战运用，那么学习的成果也不会得到巩固和发展。所以，学习需要将理论与实践相结合，体育教学不仅包括运动技能的学习内容，还包含体育比赛的规则和规范的学习内容，要让学生熟悉比赛中各种角色的职责和作用，还要训练学生将基础的技术动作运用到实战的能力。开展多维度多方面的内容教学，发挥出体育的价值。

4. 重视教学评价

教学评价中最重要的是评价的真实性，要根据实际的体育教学成果来进行评价。评价的内容是学生在实战中对理论知识或基本运动技能的运用能力。为此还开发了专门的评价方法与工具，构建了一个标准的体育教学评价系统。

5. 多元化的教学内容

美国是个文化多元的国家，其学校的体育教学内容也具有多样化的特点。随着时代发展，越来越多的文化融合，涌现出许多新兴运动，体育教学内容的多样化特点更加明显，运动的类型就有多种，例如：水上运动、冒险运动、体操、舞蹈和韵律活动等。

6. 强调具有终身体育价值的教学

体育对于人的健康的好处以及终身体育的价值观越来越受到人们的重视，美国国民对健康体能的要求越来越高，一些对人的健康具有终身体育价值的项目得到大幅度发展，例如：跑步、游泳、羽毛球、健美操、游泳等。

二、英国体育课程的改革

（一）国家体育课程出台的基本背景

在改革以前，英国的体育教育制度是选修制，根据学生的基础能力与考试表现来进行分班考试。这就是奉行“英才教育”模式的表现。为了全面培养学生的个性与能力，设置了多样化的课程且类型广泛。英国教育课程注重对学生的个性与能力的培养，具有以下几种优点：

1. 适应了学生多个方面的学习需要，充分发挥学生的能力与个性，从多方面挖掘学生的潜能，有利于寻找并培养出优秀的人才。

2. 根据学生的基础与能力分批次教育，学生的能力比较接近，教师可以更加准确地把握教学的难度与进度，从而设置更加适合学生的教学内容。

这种课程体制不是那么完善，依然有一些弊端所在：

1. 选修制会使得学生将精力集中到少数基本课程，这就导致学生的学习范围狭窄，对没有选到的学科的基础知识掌握不够。许多应该普遍掌握的基础知识没有被普及，学生对于社会的客观规律理解的不够全面。

2. 对课程的要求不够具体，单是笼统地给出概念，需要学生自主学习，这样非常考验学生的自律能力和自学能力，主动教育的价值无法被充分地发挥出来。

（二）新修订的国家体育课程特征

1988 年英国进行教育改革，体育课程的许多内容也经历了改革变动。

1. 体育课程的达成目标及评价标准

将体育课程中关键阶段的达成目标与评价标准进行了调整，如表 5-1 所示，设立 7 个不同的阶段以及评价标准，根据该标准来评价学生是否达到该水平阶段。

表 5-1 英国国家体育课程 7 个水平的学习目标 ①

水平	水平目标
水平 1	此水平阶段的学生对自身身体和动作有着基本的控制力和协调性，能够模仿、重复简单的动作和技能，并且可以将动作和技能熟悉掌握，以合适的方式把动作衔接起来；能够对动作进行流畅的描述和评价，与教师或同学讨论在一项活动中如何做到运动安全。

① 许红梅，马玉霞，周春玲主编．教育学 [M]. 哈尔滨市：哈尔滨工程大学出版社 ,2010.09.

续表

水平 2	学生能够运用简单的技能，通过模仿、重复和探索简单的动作，对技能和动作加以简单的创作，对运动的简单战术和基本创作思想有自己浅显的理解，并能够自然地把动作和技能衔接起来。可以与他人谈论自己的不同意见，深刻理解到训练的安全要则。可以清晰地描述自身身体的感觉。
水平 3	学生能够选用合适的技能、动作，并把它们连贯地表现出来；对简单战术和创作思想能够产生自己的理解，并有意识地通过不同的表现形式将之反映出来；能够清晰地指出自己的动作与他人动作的区别，并能将做得不好的动作完善；能够用明确的科学知识来解释运动前做热身活动以及相关准备的原因。
水平 4	学生能够将技术与创作思想结合起来，并在实际情况中选择适合的技术运用；对自身的动作能够实现精准的控制；对技能中包含的战术有所理解，可以将自己与他人技术的运用做出比较和评价并改进自己的表现；能清晰阐述准备活动的基本原理；能表达出体育练习给身体带来的影响。
水平 5	学生有了组合、编排技能的思想，并且能够恰当精准地运用，动作发挥有着稳定的精确性和流畅性；在学习过程中，运用自身已知的策略、战术的相关知识来分析和评价新接触的技能和技术，并思考如何将技能运用到实际的活动中，对于技能的运用不断反思，不断改进；能够准确描述身体的反应，根据不同的运动选择合适的方式；可以自主自觉地做好准备活动和热身练习；能够准确描述出安全的体育练习有益于健康的原因。
水平 6	学生能够熟练组合简单的技能技术，养成了理解编排思想的习惯；能够根据进行的体育活动选择适合的方式，并将动作精确地表现出来，对动作有着精确的控制力，动作非常流畅；在学习和实际运用中，能够将自身掌握的有关策略、战术和编排思想融入其中，对变化的外界环境表现出很好的适应能力，同时判断出自身与他人的优缺点；能够运用编排思想对人们的活动表现做出评价，并提出改进的方法；能够掌握并准确解释如何做活动前的准备和活动后如何加速恢复；能够解释不同的体育练习对于身体健康的影响的不同。

续表

水平 7	学生能够将高难度的技能、技术和创作思想融合，并可以根据活动的具体要求恰当地发挥，对整个过程的表现都有着极高的精确控制力和流畅性；对高难度战术和创作思想有着自己的思考并进行总结，可以将总结的经验运用到活动中，在运用时可以根据实际的环境加以调整修改；能够从自身或整体的角度来评价自己和他人的表现，并表达出对技术、战术、创作思想以及活动质量的相关理解，通过设计方案来改善自己和他人的表现；熟悉掌握练习和训练的基本原理，将其理论运用到实际中。

2. 运动领域的分类

如表 5-2 所示，此类运动领域的分类方法至今仍在沿用。

表 5-2 运动领域的分类及必修和选修内容

关键阶段	必修内容	选修内容
关键阶段 1（5 ～ 7 岁）	舞蹈、体操、球类运动	
关键阶段 2（8 ～ 11 岁）	舞蹈、体操、球类运动	从以下领域中选择 2 个领域：田径、野外运动、冒险运动、游泳和安全指导（若 25 m 游泳目标未能达到，必须选修游泳）
关键阶段 3（12 ～ 14 岁）	球类运动	从其他 6 个领域中选择 1 个领域
关键阶段 4（15 ～ 16 岁）		从 7 个领域中选择 2 个领域

3. 学习的核心要素

通过各个领域的学习，要达到一定的目的，以下四个目标是最核心的：

（1）掌握可以促进自身发展的技能；

（2）培养能够独立判断并选用战术、技能，以及编排思想的能力；

（3）提高正确评价活动质量和动作表现的能力；

（4）熟练掌握与体育与健康相关作用的知识，并提高表达能力。

4. 精神、道德、社会和文化的发展

（1）精神的发展。学生在体育活动中养成了积极参与的态度，培养了勇于挑战的精神，这在学生培养良好的精神品质过程中打下了基础，学生在体育活动中取得的成就感也能帮助学生培养积极向上的心理素质。

（2）道德的发展。体育精神在体育活动中是一个重要的内容，在遵守严格规范的比赛规则和裁判的判决之外还有道德约束，所以长期参与体育活动能够帮助学生养成自觉遵守规则的习惯，还能培养良好的道德品质。

（3）社会和文化的发展。这是由于学生在体育活动中养成了良好的行为习惯，培养了优秀的道德品质和精神品质，比如：团队合作精神、集体精神、敢于拼搏的精神等。这些品质是社会需要的人才品质，所以学生在进入社会时会有优势，这是社会发展的含义。

体育课程中也包含了许多文化内涵的活动，学生通过体验各种体育文化活动，比如：传统球类运动、民族舞蹈等，可以增进对体育活动中文化特征的认识，也加深了对体育与文化之间关系的理解，这将有利于学生提升文化修养。

5. 为全体学生提供平等的学习机会

英国教育界为了保证全体学生都有机会学习到国家体育课程，特意设定了以下三个原则：

1. 丰富学习内容，保证内容的多元化；

2. 帮助个别学生消除学习及评价方面的潜在障碍；

3. 为学生提供实践和挑战机会，将理论学习与实践相结合。

第二节　国内高校公共体育课程的发展与改革

一、新中国普通高校公共体育课程的演进历程

早在上世纪20年代初期，我国就开始将高校公共体育课程当作一个正式的研究领域，而那时还没有“体育课程”这一专业名词，那时称之为“体育课”。

崔伟教授在《体育课程论》中全面、概括性地描述了体育课程的内涵，他认为体育课程是人为制定的一种方案，其目的是为了完成使学生增强体质和健康知识的教育目标，体育课程由几部分组成，其中有课程时限、课程目标、课程内容以及课外体育活动。下面我们将从以下几方面来了解体育课程的演进历程。

（一）体育课程目标的演进

1. 体育课程目标的内涵

目标就是想要取得的收获或想要达到的状态，体育课程目标由体育课程设计、体育课程评价评价的依据、体育课程的出发点以及归宿三个部分决定。

课程目标是根据国家教育目标的要求来制订的，是教育目标的具体化。教育目标是教育目的的具体体现，教育目的决定着教育目标的内容、方向与状态。因此，课程目标符合我国教育目的要求，紧随教育目的的指导方向。课程目标主要在于满足体育学科的发展、满足学生的需求以及满足当代社会的需求。课程目标以课程理论的研究为依据，主要包括以下三种取向：

（1）行为目标取向

用可以具象表现出来的行为动作或形式来陈述课程目标，学生完成该行为并发生了相应的身体变化则为达到目标。

（2）过程性目标取向

这种目标不是一开始便制定的，而是在教育过程中随着教育实

况而自然形成的课程目标。

（3）表象性目标取向

该种目标不是统一制定的，没有采用统一的标准或质量，而是根据在具体的教育实况中，针对不同学生而设定目标，不同学生会有不一样的表现。

2.1953 年至 1992 年体育课程目标的演进分析

新中国普通高校公共体育课程目标发展，相继经历了三基教育、体质教育、素质教育、健康教育几个阶段。

这几十年以来，高校体育的任务、目的没有变动，十分确定地朝着前方发展。最初的时期，我国的教育界对于体育课程没有任何的经验，教育者们为了制定出适合我国国情的体育教学大纲而不停地尝试摸索，直到上世纪 50 年代，我国向苏联的体育教育学习，将体育教学大纲确定为“培养学生成为德、智、体全面发展的高级建设人才”。

60 年代，体育教学大纲有所变动，增加了“增强学生体质”的依据。当时由于我国的历史背景，社会发生了大的动荡，以及体育学科发展的滞后，教育者没有相关的经验，考虑问题的方向出现了偏差，制定的课程更多的是对社会公共要求的考虑，忽略了学生的需求，导致学校的公共体育课的学习目的都是为了使学生掌握体育的基本技能、知识与技术，学习的范围狭窄、内容单一，这种课程设置束缚了学生的思想，也不利于发挥学生的主动性和创造性。

进入改革开放时期以后，我国的经济快速发展，社会局面稳定，在社会各界都投入到社会主义现代化建设中的时候，国家也越来越重视学生身体素质的提高。1992 年，《全国普通高校体育课程教学指导纲要》体现了“终身体育”的思想，首次提出了“促进其身心全面发展”[①]，还将体育中的思想品德更加具象化。体育在教育中的地位

① 文新华 . 论人的全面发展与个性发展 -- 兼论创新人才的培养 [J]. 华东师范大学学报 (教育科学版)，2004.

有了很大的上升。

3. 新《全国普通高等学校体育课程教学指导纲要》的体育课程目标

2002 新《纲要》将体育课程的目的明确为增进学生健康、增强学生体质、提高学生体育素养。教育者要达到课程目的需要以合理的体育教学引导学生进行科学的体育锻炼。此外，新《纲要》对于高校体育教学的目标有规定，可以分为两种目标。一种是根据对大部分学生的基本要求而制定的基本目标，这符合绝大多数学生的实际水平，能满足其体育需求；另一种是针对能力较为突出的少数学生制定的发展目标，利于因材施教，挖掘出有潜力的学生，同时也可以将发展目标设置为大多数学生的努力方向，激励学生进步。

国家在制定新《纲要》时，总结了过去的经验教训，从我国的实际国情出发，全面考虑各方面的因素，并将学生的需求放在首位，制定了新的体育课程。在课程的设置上尽量做到教学内容和目标密切相连，避免两者出现脱节现象，保证教学内容是目标的具体化，所以完成教学内容便是在实现教学目标。

新《纲要》是关心学生身心健康、“提高学生体育素养”的另一个表现，在课程中增加了与健康教育相关的以及社会适应性方面的内容，进一步强调了健康和体育的相关联系，这也体现了体育的科学性有了长足的发展。

（二）体育课程内容的演进

1. 体育课程内容的内涵

课程内容在广义上是指一个专业包含的所有学科内容或者是指一门学科内的所有内容；而狭义上的课程内容是指教师在课堂内教授的内容[①]。对体育课程内容的内涵我们可以理解为：它包含了体育课中教师教的内容以及学校设置的体育学科的其余内容。

一些学者认为学校体育课程内容指的是学校体育的所有内容，

① 王冀生 . 个性发展与教学创新 . 现代大学教育，2001.

并且随着世界体育竞技运动的发展与科学、健康等相关行业的发展，体育行业的内容会因为研究取得的成功而不断丰富与扩充，同样学校体育的内容也会随之丰富。

2.1953 年至 2001 年的体育课程内容演进

1953 年至 1979 年期间，各高校在体育课程内容上的自主权和选择权极小，全国高校的体育课程内容中具体的项目都由教育部统一设置，高校只能按具体的规定执行，只有在少数的选修课上拥有自主权。

1992 年的教学大纲与以往的教学大纲相比有了很大的区别，主要体现在以下两个方面：

（1）将“体育教学”改为“体育课程教学”，这就意味着体育教学的范围不只局限于课堂教学，体育教学的领域被拓宽；

（2）与以往的文件名《纲要》或者《大纲》不同，该文件改名为《指导纲要》，体现了中央对于教育的干预转移到宏观指导作用，即不再对细节统一规定，高校的自主权有所提升。

《指导纲要》发布后，我国高校的体育课的课程内容有了较大的变化，迈出了我国体育改革当中重要的一步。国家不再对高校的公共体育课的内容作统一规定，高校拥有较高的自主权，于是各高校以《指导纲要》的基本要求与原则为依据，结合本校实际的自然环境和经济情况，制定适合本校学生需要的体育课程内容。这个举措使得我国的体育课程内容更加科学化和多样化。

3.2002 年以后的体育课程内容

2002 年颁布新《全国普通高校体育课程教学指导纲要》，该文件的发布彻底打破了由国家规定的体育课程具体内容的惯制，在体育课程内容的研究制定上给予了各地高校自主权。在新《纲要》的指导之下，我国高校的体育课程内容呈现出实效性和选择性相结合，可操作性和科学性相结合的特点，同时兼顾文化性和健身性，将教学内容建立在体育学科发展的基础上，坚持以人为本的原则，制定的课程内容符合大学生的生理和心理发展规律，并尽量根据大学生的兴趣爱好来改进教学形式。该指导纲要倡导国民“终身体育”，这与我国的总体教育方针是相符的，不仅普通高校公共体育课程受到越来越高的重视，也由此带来了体育在校园的多元化发展，多种体育活动在校园开展，其中有一些将健身、文化或娱乐与体育融合的项目，比如：健身操、瑜伽、轮滑以及一些体育游戏等，这有利于提升学生的社会属性。

（三）体育课程时限的演进

1. 体育课程时限内涵

“时限”指一定的时间期限，“课程时限”指的是完成课程的期限。

体育课通常以班级为单位，由教师进行体育内容授课，它是一种有计划的教学组织形式，体育课也有时间单位，往往以节为单位，每节课有着固定的时限，所以一节体育课也可以看作是整个体育教学中的一个计量单位。通常是为一个学期制定教学计划，计划中应明确该学期有多少节课、教授哪些体育内容、需要学生达到什么体育水平等内容，学期内包含多少节体育课、一周包含几次体育课和几次课外活动、一节体育课多少时长，这都是体育课程的时限的体现。

2.1957 年到 2002 年体育课程时限

根据调查显示，1992 年以前，体育课程时限只包括了体育课和课外活动，也就意味着体育教学的范围比较狭窄，并且课外活动的内容和形式都比较单调，基本上是一些传统的球类运动，不仅缺乏多样性，难以适应不同学生的需求，而且一成不变缺失趣味性，对学生来说吸引力降低则很难调动学生参与活动的积极性，这样的情况下只有少数学生经常参加体育课外活动，大部分不愿参加体育课外活动的学生的身体素质普遍较低。

1992 年制定的《全国普通高等学校体育课程教学指导纲要》规定，普通高等学校必须要给一、二年级开设体育公共课，三年级以上还要开设体育选修课。此次《指导纲要》的发布大幅度地增加了我国高校的体育课程时限，逐渐与新世纪接轨。

3.2002 年之后的体育课程时限

2002 年制定的新《指导纲要》没有对体育课程时限做具体的时数规定，这是为了避免教师只为了完成任务，依照规定的教学时数以及进度要求来机械教学，而不管实际上学生的真实情况。依据《学校体育工作条例》的规定，普通高校每周应开设不少于两节体育课。经过调查发现，实际情况是绝大多数高校每周只会开设两节体育课，一周的体育课时长共为 90 分钟。

一般每节体育课的训练密度在 40% 左右，一周中学生参与体育活动的时间只有半个多小时，这么短的时间是远远不够的，这个运动时长对于社会上的成年人来说都不够“健身”，更何况是正值发育期的大学生。因此，在体育课之外，只能通过课外体育活动时间来弥补大学生的体育运动需要。所以高校要在校园内建设体育运动设施，方便大学生在日常生活中进行体育活动，还可以根据高校自身的场地条件和自然环境引入一些地域性的和民族性较强的体育项目，以此激发学生们的兴趣和热情，吸引学生参与体育活动。

（四）2002 年新《纲要》颁布以后，体育课程在管理、资源、教法等方面的演进

1. 教学管理的演进

2002 年新《纲要》颁布之后，我国在普通高等学校的体育教学管理方面取得了很大的进步，期间采纳了多项非常有建设性的教学管理措施，比如：面向全体学生开放体育选修课，开创性地打破了原有的系别、班级建制，让学生拥有自主选择课程的权利，直接在学校的选课渠道上选课，这也是响应学生“三自主”的政策的体现。

开放式选课的具体做法是：学校通过自己的渠道，比如：网站或教务系统来推出所有选修课，给出每一类型的课程介绍、课程的开设详情、任课教师的介绍、选课原则、选课要求等细则，让学生可以自行浏览了解相关信息，自行判断并选择体育选修课。

这种做法的开创性在于，打破原有的班级、院系级建制，按照

新的标准来重新编班，按照学生所选的选修课课目、任课老师来进行编班，这种班级是为完成该选修课的教学而编制的临时班，不分系别不分男女。对于学生而言，有一个月的师生适应期，如果学生觉得不适应教师、教学内容以及教学进度，有机会申请调整体育课；对于教师而言，不需要一个人准备多种类型的体育课，只需要固定本专业教学，面对不同的班级，这样的制度有助于专业深度与教学水平的提高。

因此，这种选修课的编班制对于学生和老师而言都十分有利，不用应付多种科目的复杂情况，老师专业教学，学生按照自己的意愿选择科目，双方能够提高体育教学中教与学的效率。学生大多是根据自身的偏好选择体育选修课，有了兴趣和热情更能激发学习的动力，收获更理想的成效。还有一个方面的好处，因为这种重新编班的制度，学生可以接触到更多新同学，而且是跨越原有的班级、院系级的，所以这扩大了学生的交友范围，为学生群体之间的互动交流提供了良好的平台。

2. 教学方法、课程资源、课程评价的演进

（1）教学方法

在教师教学方面，营造一个平等互动的教学氛围，加强师生之间以及学生之间的多边互动，激发学生参与体育活动的积极性，引导其发挥创造性；教师不仅要讲究教授学生的方法，同时也要注重引导学生进行自我学习，对学生的练习方法掌握情况给予建议和指导，提高学生自我学习的能力；提倡高校积极主动地采用多样化与个性化的教学方法，要因材施教，并逐步实现课程管理的系统化、网络化、科学化。

（2）课程资源开发

第一，开发人力资源。体育教师是体育课程的具体执行者，是体育内容的传授者，高校应重视培养优秀体育人才，配备相当数量合格的体育教师。同时要将校内有关体育特长的教师以及学生骨干、辅导员等人员纳入体育教育的人才队伍中。要定期对体育教师进行

教育培训，加强体育教师的专业水平、专业素质和相关的人格素质，优化教师队伍的学历、年龄结构，同时也要督促体育教师自身的进修，要与时俱进，提高体育教学队伍的整体水平，以便适应现代化教育的需要。

第二，开发运动项目资源。高校应该加大对体育的关注力度和投入，引进新型的体育项目，改进原有的运动项目，并建设用来开展体育运动的体育场馆和体育设施，根据学校的实际情况进行合理布局，根据教育部对于体育场馆和设施的相关要求来管理体育设施，提高各项体育设施的利用率，规范管理体育场馆。

第三，开发信息传播渠道。充分利用校内的展板、宣传栏和班级通知等实体传播渠道以及网络渠道，比如：利用网站、班级群等途径传播体育活动信息；同时也要紧跟时代的步伐，多多利用网络信息接触新的体育活动，更新体育活动的形式和内容，以此吸引学生们参加体育活动。

第四，开发活动资源。当今的时代背景下，教育不仅仅是学校的责任，学校、家庭、社会是一个整体，往往是互相联合展开教育工作的，很多时候可以利用社会资源开展校外体育活动，比如在节假日开展社区体育、郊游活动，在寒暑假开展夏（冬）令营活动。要与社会和家庭加强联系，开展各种形式的体育活动，有利于让学生接触到不一样的体育课程，以此吸引学生参与体育活动，同时还能强化学生的社会属性。

第五，开发自然环境资源。针对不同的自然资源可以进行不同类型和形式的体育活动，高校可以利用沙滩、荒原、森林、田野、草原、山地、河流等自然环境来开展与平时校内或社区有着差异巨大的野外活动，在不常接触的自然环境中开展体育活动对学生有着很强的吸引力，能够教授给学生在课堂内不会轻易触碰到的知识和见闻，可以丰富教学内容，增加课程实用性。

（3）课程评价

在现代化教育体系中，课程评价是一个重要的环节，新《纲要》

也顺应时代潮流，大胆地改革了体育课程评价，其中主要包括教师的教学、学生的学习以及课程建设三个方面。

教师的教学评价一般包括两个方面的内容，一是教师的业务素养，二是教师的课堂教学。对教师的评价通常由学生来进行，因为学生是教师教学的对象，是能够最直观体会到教师的水平和素养的，也最有发言权。此外还有教师之间的自评。学生的学习评价是针对学生在校内的学习效果和过程中的表现作出的评价，由学生自评、互评和教师评定等方式进行。课程建设评价的内容是由课程结构体系、课程内容、师资配备与培训、场馆设施等组成，由上级有关部门以及社会进行评价，高校应重视学生的反映和社会的意见。

新《纲要》的颁布是我国体育教育走向现代化教育的一个重要标志，为适应 21 世纪学生复杂的身心发展的需求以及社会对人才竞争的要求，新《纲要》对于课程评价有着全新的教育理念，具体表现在以下几个方面：

第一，坚持“健康第一”的指导思想，不仅要提高学生的身体健康素质，还要加强学生的心理健康素质，全面发展学生的身心健康，帮助学生更好地适应社会的高素质需求。

第二，坚持“素质教育”的指导思想，秉承以人为本的理念，全面提高学生的综合素质，在教学过程中引导学生发挥主体性和创造性，提高学生自我学习的能力。

第三，坚持“终身体育”的指导思想，将体育的行为习惯和体育精神融入到学生的人格塑造过程中，帮助学生在体育活动中养成良好的道德和精神品质；同时要充分将家庭、社会与学校的资源相结合，将体育行为融入到学生的家庭生活和社会生活中，实现终身体育。

二、普通高校公共体育课程的改革

（一）2002 年新《纲要》颁布后的普通高校公共体育课程的改革

进入 21 世纪后，我国社会的发展依然保持高速状态，随着经济的发展，国民的经济水平有了很大的提高，人民的物质需求得到了基本的满足，于是人们对精神的需求日益增多，随着社会竞争力的加大，人们的压力越来越大，对于身心健康、情感交流以及休闲娱乐的需求也越来越强烈。由于体育形式和内容的多样化，可以满足人们不同的精神需求，所以体育越来越受人们的重视。

高校体育是学生从学校走向社会的最后一站，不仅要肩负着提高学生身体素质、提升学生身心健康的责任，也是学生适应社会的桥梁。因此，要在体育教育中培养学生良好的精神和道德品质，帮助学生能够在进入社会时更好地面对未来的挑战；引导大学生养成自我学习的习惯和能力，掌握正确的体育理念和练习方法，为进入社会打下良好的基础；激发大学生们对体育的兴趣，培养大学生建设体育文化的热情，这其中或许将会诞生未来的体育教育者；将体育习惯和体育将神植根于大学生的生活中，实现终身体育的目的。

高校公共体育课程教学改革一方面是落实新《纲要》的政策，一方面也是为了适应社会发展的需要，所以改革的内容主要集中在教学评价、教学模式、体育教学形式、组织方法等几个方面。

普通高校公共体育课的改革完全适应了新世纪的发展要求，摆脱了传统观念的束缚，对于体育教育有着更多创新性的想法，从而将高校体育推向教学人性化、形式多元化、内容全面化的方向发展。同时，高校体育也由原来推崇的“体质教育”向发展“健康教育”“体育能力”的方向转变。

要完成体制的改革首先要做到的应该是转变旧有的观念。教师要改变教学观念，抛弃传统的单向传授知识的教学模式，建立与学生互动以及学生之间多边互动的教学关系，轻松互动的教学环境能够促进学生们的感情，加强人际交往；充分发挥学生的能动性，从而激发学生的创造性，这样才能使得学生们在轻松的教学环境中寻找适合自己的练习方法，培养自我学习和锻炼的能力，以此来实现“终身体育”的目的。

（二）新《纲要》对师资的影响

21 世纪的社会对人才的要求越来越高，人们的经济水平普遍提高，社会进入更高层次和更快速度的发展阶段，社会各行各业都需要综合素质高、专业能力拔尖、学习能力和社会适应能力强的复合型人才。高校体育对于体育人才的要求同样也随着时代要求而提高，只有精干的教育队伍、综合能力强的师资力量才能培养出现代化教育事业的合格建设者。

（三）新《纲要》对大学生的影响

1. 对新《纲要》颁布前普通大学生身心素质的分析

现代意义上的健康不仅仅是指身体健康，还包括心理健康以及拥有良好的生理与心理适应能力。在体育新《纲要》颁布之前，大学生的整体健康状况表现令人担忧。从心理方面来看，由于课业繁重，学生们的心理压力普遍比较大，再加上大学生正值心理敏感期，故而心理承受能力较差，相较于社会人士更容易患上心理疾病。从生理方面来看，由于参与体育活动的时间极少，缺乏运动，再加上年轻人保健意识差，容易患上一些常见病。为了改善学生们的健康状况，我国的教育改革采取了一系列针对性的措施。

2. 新《纲要》颁布对高校学生的作用和影响

进入新世纪后，我国对大学生体育教学做出了很多的改革，为了提高国民的身体素质，提出了“终身体育”的理念，积极引导大学生进行全面健身。新《纲要》的颁布对高校大学生的影响主要表现在以下几个方面：

（1）全面贯彻以人为本的理念，尊重学生的主体地位，给予学生自由选择体育项目的自由，注重学生的爱好与选择，激发学生对体育活动的兴趣与参与热情，吸引越来越多的学生自发地加入到体育锻炼的队伍中。

（2）教学授课的理念有较大调整，对学生实行“三自主”的授课形式，加强了学生自我学习的能力，提高了学生的自我管理和约束能力，也是激发学生创造力的一种方式，对有意愿进行体育锻炼或提高自身素质的学生来说可以有机会对自己的体育课程进行自主规划。

（3）与时俱进，高校体育紧跟时代发展，引进许多新兴的体育项目，给学生自由选择的选项更多，体育课程的内容与世界体育接轨，保证内容的全面和新颖，令学生能够接触到最新的体育内容和知识，促进学生全面发展。

（4）体育教学不仅局限于校内，将家庭和社会资源整合，利用学生的课余时间和假期时间开展社会体育活动或野外拓展训练。这些非日常的体育活动能够激发学生参与体育活动的兴趣，校外的体育活动通常能够帮助学生深刻领悟到体育精神和集体精神，有助于培养学生的生存能力和团队精神，延伸了体育锻炼的时间和体育教学的内涵，使体育教学更具实用性和实际意义。

新《纲要》中的改革内容适应了21世纪的教育发展需求，提出“终身体育”的理念，将体育精神和体育行为习惯融入到学生的生活中；在体育课程方面增强了开放性，体育课程的类型和内容更加丰富，对学生的自主选择权有了很大的提升；教学模式有了很多的变化，改变以往的单向教育方式，提倡培养学生自主学习的能力；将体育的健身性与文化性结合，科学性与娱乐性结合，吸引学生参与体育活动，利用体育的多种功能来提高学生的身心健康水平和综合素质，有利于促进学生的全面发展。

3. 在解决心理问题方面的意义

进入21世纪后，经济和文化快速发展，全球化发展等宏观因素对人们的思想观念造成了很大的冲击，社会的快节奏生产生活方式导致人们的心理压力普遍加剧。对于大学生而言，学业负担和复杂的社会形势，尤其是严峻的就业形势给予了他们很大的精神压力，再加上大学生是身体和心理还未完全成熟的群体，所以更加容易产生各种心理问题。新《纲要》主张促进学生的全面健康，即不仅是身体健康还包括心理健康。利用体育活动和体育特有的功能来锻炼学生的心理能力，培养学生拥有适应未来社会需要的心理品质。所以新《纲要》提倡教师在体育教学的过程中，要掌握大学生身心发展的规律和特点，根据学生实际的身体情况和生活习惯来采取适宜的教学措施，并且要对学生进行多方面的引导，通过体育锻炼的方式，释放学生压力，帮助学生在体育锻炼的过程中养成良好的精神品质。

（四）新《纲要》颁布后的普通高校公共体育课改革中遇到的问题

新事物的发展是一个曲折的过程，总会遇到许多阻碍，新《纲要》也不例外，改革是为了解决旧有的问题，但同时也产生了新的问题。

1. 没有达到应有的改革效果。比如，增设体育课项目、丰富体育活动的类型。其出发点是为了满足学生多样化选择的自由，以此激发学生的兴趣，提高学生参与体育活动的积极性，但改革后的实际情况却与出发点相差很大。这是因为许多学生并不是以爱好与否的标准来选择体育项目，而是出于一些方便自己的目的，比如：为了雨天不上课而选择室外项目、为了避免风吹日晒而选择室内项目。这些学生选择体育课程的动机体现了他们对待体育的态度是消极被动的，如果发生思想观念上的转变，那么行为上就很难达到预期的效果。

2. 对"发展个性""快乐体育"等理念的片面理解，导致改革措施走向另一个极端，矫枉过正。学校在增设新兴体育项目的同时取消了体操、田径等传统项目，理由是这些项目过于竞技化与成人化，缺乏娱乐性与游戏性，不能引起学生的兴趣。因此一味追求趣味性而否定了这些项目的锻炼价值，忽略了这些传统项目的精髓，它们具有的拼搏精神和团结精神是别的项目难以取代的；还有一些学校为了娱乐课堂气氛，提高学生的参与热情，将体育课改成了俱乐部的形式，甚至干脆把体育课改成自由活动，这些做法完全忽略了体育运动的本质，这是本末倒置的行为。

3. 将改革重心放在了引进新项目、改进教学模式的方面，而忽视了传统体育项目的发展，更忽略了基础素质训练的重要性。由于在改革过程中，许多高校的做法偏离了原本的出发点，过于追求表面工程，一心在向前和发展的道路上前进，却忘了夯实基础，基础素质训练和传统项目就被减少了。基础素质是学生参与体育运动的基础，牢固的基础才是稳定高楼的坚实保障。许多传统体育项目拥有强烈的体育竞技性，这部分的减弱对于学生意志品质的磨炼也相应减少，其实这样对于学生领悟体育精神是不利的，想要锻炼出学生坚强的意志品质和拼搏精神更加困难。这样的做法削弱了体育的价值和锻炼人的意志品质的功能。

4. 高校的体育课程建设程度上快速推进，尤其是在体育项目和体育教学模式上取得了较大的进步，但是体育建设还是滞后于学校教育。另一个原因是高校扩招之后，大学生的人数有了大幅度的增加，学生的体育需求日益增加，从而学校对体育场地和师资力量的要求也急剧增高。由于各方面需求发展过于迅速，高校体育建设师资力量的速度明显滞后，体育课的班级人数剧增，体育教师供不应求，于是只能缩减教学课时，从而使教师工作量急剧增加，这样的结果就会造成体育教学效果差，同时也严重影响了教师专业水平的提高和发展。

5. 体育内容的设置不够合理，新《纲要》的教学内容与中学的教学内容有较多重复，没有突出大学体育的特点和优势。在具体的执行过程中，高校要根据自身的学校环境和体育设备来确定具体的教学内容。往往出现少数偏远地区高校的自然环境限制较多，体育设施不够完善的问题，导致体育课内容缺乏。

第三节　新时期高校体育课程设计思考

一、新时期高校体育课程设计的构思

体育课程设计，亦被称为课程开发、课程编制，即对体育课程

的各个方面从整体到细节所做的规划与安排。设计是所有步骤中最重要的一步，设计的思路对于整个设计框架内元素的影响也是整体性的，牵一发而动全身。下面对体育课程设计进行简单的介绍。

（一）从学生出发确立新的课程目标

体育的课程目标是一定时期内预期的结果，新的文件对于体育目标有了新的规定，要求高校体育教育将培养身心全面、和谐、健康发展的人作为教育目标。为了实现新的课程目标，高校要坚持以人为本的理念，把学生的发展放在中心位置，将教学模式、教学方法改进以适应新时代的教育需求，秉持“健康第一”的指导思想，把促进学生身心健康，全面的协调发展作为制定体育课程目标的第一参考因素。

体育课程目标的制定应综合多方面的因素考量，为了让更多的学生取得体育成果，达到课程目标，在体育锻炼中获得成就感，高校则需要依据国内外的体育课程发展趋势，根据国家的相关规定，结合自身学校和学生的特点，对课程总目标进行细分，将目标的内容具体拆分成运动技能、心理健康、身体健康、社会适应以及运动参与这五个方面，最终形成总的课程目标体系。

（二）根据学生的需要确定课程内容

新世纪时代背景下，社会整体的进步与发展非常迅速，学生对体育的需求也越来越多样化，为了满足学生的不同需求，高校将体育课程内容分为两种类型，一种是必修课程，另一种是选修课程。

1. 必修课程

必修课程是针对全体学生制定的体育课程内容，要求全体学生都要学习。

2. 选修课程

选修课程是学校为学生提供一个选择范围，学生可以从多项体育项目中选择自己想要学习的项目。选修课程的设立是对学生自主选择权的尊重，以多样化的体育项目来满足学生的个人需求，学生按照自己的意愿选择，有兴趣和热情的辅助会更容易取得理想的训练成果，也有利于促进体育的个性化发展。

（三）根据课程的发展性要求建立评价体系

课程评价是课程建设中的重要组成部分，它是对学生完成课程目标程度的测量依据。随着体育项目的多样化发展，体育课程评价体系的内容也要随之发展完善，相应的要采用多样的评价方法来评价学生的学习状况，建立多元的评价体系，弱化评价的选拔和评判功能，强化评价的激励功能。但要注意的是，无论是什么样的评价体系和评价方法，前提都是要尊重客观性原则、整体性原则、科学性原则、导向性原则以及定量评价和定性评价相结合等原则。

扩大高校体育课程评价的范围，完善体育评价体系，比如：将学生的知识与技能、健康行为、学习态度、组织能力等多方面的因素均纳入其中，可以提高评价的全面性，同时还能调动学生参与评价的积极性，多维度的评价标准对于学生的学习也有激励作用，对于学生而言，可以依据考核方式和内容来调整自己的学习情况，有利于学生学习能力和规划能力的提升。对于教师的评价可以采用较为民主的方式，主要由学生来进行评价以及教师互评，评价的内容主要集中在教师教学的有效性以及教学方式的适应性。充分发挥评价的积极作用，促进学校体育的发展和师生的进步。

二、新时期高校体育课程设计的改革

（一）高校体育课程设计的理论研究

我国在教育课程设计的理论领域还没有成熟的经验，仍处于探索阶段。在研究课程论的过程中，首先就要掌握体育课程设计理论。我国的高校体育课程设计理论一直都呈现出与体育实践不适应的状况，为了更好地发展我国的高校教育，必须将高校体育课程设计的理论研究透彻，使之适应高校体育教学实践。

体育课程设计要遵循时代发展的规律，以适应社会发展的原则为依据，以满足学生的体育需要为目标，并结合实际的体育教学情况来进行优化。

21世纪，社会保持高速发展，各行各业都对人才提出了很高的要求，其需要的是综合素质高、专业能力拔尖、学习能力和社会适应能力强的复合型人才。对于即将进入社会的大学生来说，高校教育肩负着很重的责任，高校要更加重视学生身心健康的全面发展，为了提高学生今后适应社会的能力和社会竞争力，就要让学生养成终身体育的习惯。这就要求高校体育课程的设计要以众多的学科作为基础，将体育内容与各学科相结合，这样一来就可以将体育知识和体育精神融入到学生的日常学习和生活中，还要掌握大学生身心发展的规律以及个性发展的特点，开发满足学生体育需要的多种体育科目。

体育课程设计是一个整体工程，涉及的方面众多，过程复杂。需要从整体结构和具体内容来考虑，要使得课程的类型、内容符合教学目标的要求，还要保证体育课程内容、教学目标与学生的实际情况有机地结合在一起。首先要根据学生的体育需要确定适合的课程类型，再依照一定的步骤来进行高校体育课程的具体内容的设计。

1. 首先要为课程制定明确的教学大纲，大纲中包括了课程的标准，该课程要达到的教学目标，具体教学时限等内容。要以满足社会的发展与学生的要求为依据，在考虑了学生群体的个性特征后，设计出能够最大程度适应全体学生的教学大纲。

2. 根据教学大纲以及教学目标，结合高校学生的实际情况和体育特点，确立与高校体育教学相适应的教材体系以及具体的教材。

3. 要为高校的体育教学设计体育实践课的具体实施方案。体育实践类的学科，不仅要掌握理论知识，更重要的是进行实践活动，将掌握到的理论知识运用到实践中才能够真正掌握相关的体育知识。为了科学、合理地开展体育教学实践，必须设计出科学化的实施方案。比如：可以先对学生的素质进行考核，素质达到相应的标准就能选择在相应的体育实践项目范围内自由选择体育项目，这种方案一方面可以提升学生身体素质，另一方面充分尊重了学生的个性发展，为学生发展自身兴趣爱好提供了机会。

4. 设计体育课程的评价方案，根据评价方案来评价并修订体育课程。评价方案主要参考的是教学效果与教学目标之间的差距，观测体育课程是否适应学生的体育需要。

经上述介绍可知，体育课程设计不是一件简单的事，其过程涉及多项程序，要将多方面的因素联动和整合，所以关于课程设计理论研究的重要性就不言而喻了。

（二）以发展学生的个性为出发点

个性是一个个体与其他个体产生区别的标志，个体之间总有差异，尊重学生的个性，采用适合学生个体发展的教育方式能够使得学生的主体性和创造性发挥得更充分，利于发掘学生的潜能，取得更好的教学效果。与其他学科相比，体育对发展学生的个性起着更为重要的作用，因为学生对于体育活动的反应更加直观强烈，并且可以在相对开放、自由的空间当中，通过教师的指导、他人的建议来完善自身个性特点。发展学生的个性可以从以下几个方面出发。

1. 培养学生的创造性

创造性是一项需要多种能力与要素配合共同作用的综合性质，需要观察力、求知欲、创新思维等要素的参与，是个性的重要组成部分，也是个性主体发展的标志，体育教育应该通过注重培养学生的创造性来发展学生的个性。

体育是一项有规则但变化性很大的课程，体育课程的开放性有利于发展学生的创造性，学生可以在教学过程中通过观察学习进行独立思考，从而提出新问题，并且可以身体力行地构思新技术、新方法。同理，可以在教学过程中即时培养学生的创造性，教授学生基本的动作要领和要求，学生熟练掌握之后可以为其设置相似的动作要求，让学生依照新掌握的知识和经验来完成全新的要求动作。

2. 培养学生的独特性

体育不同于其他学科，所有的活动都需要学生亲身完成。由于个体之间有差异性，学生在体育活动中的表现就会呈现出个体差异性，这是独特性的一个表现。教师在体育教学的活动过程当中，要充分调动学生的积极性，引导其独立完成体育活动，并在学生自主练习时创造机会引导其进行独立探索，使个体的主体性得到发挥，凸显其独特性，使个性发展更加鲜明。

课程结构设计要以人为本，以学生全面发展为目标，充分尊重学生的个性发展，如此才能提高学生的综合素质和个性。

第四节　新时期体育课程改革的价值取向与基本走向

一、新时期体育课程改革的基本价值取向

随着社会和科技的发展，知识经济的作用越来越明显，课程改革的价值取向主要概括为以下四个方面：

（一）科学与人文整合的课程文化观

20 世纪初期，科学的众多领域取得了许多研究成果，科学的繁荣发展在世界范围内引起了轰动，对全球发展产生了巨大的推进作用。20 世纪的教育改革是紧随着科学世界的变动而变化的，换句话说，课程改革的主要目的是为了适应科学世界的变化。因此，20 世纪的教育界的主导价值观就是“唯科学主义”，此种价值观得到了极端的发展，人们只尊崇科学，从而导致人文精神的严重缺失，这种局面造成的直接影响就是在课程内容的设计中缺少人性化，不贴切实际生活的设计缺乏可实践性。

直到 20 世纪中期，教育界在已经暴露的许多问题中意识到了人文精神与科学理性处于对立关系，于是开始努力寻求人文文化和科学文化的平衡点，将人文与科学相融合。直到现在，这也依然是当今世界各国教育界共同关注的一个目标。

在将人文精神与科学精神相融合的过程中，标志性事件是联合国教科文组织提出“学会关心”的教育思想。与先前的“学会生存”教育思想相比，“学会关心”教育思想在尽力弥补一些随着时代发展而愈发暴露的缺陷，意在建立一种新的教育体系来推动教育界的大

变革。旧的教育体系强调的是教育的统一性，注重维护个体的利益，推动竞争关系，民族观点较为狭隘；新的教育体系具有教育的创新性，注重维护公共利益乃至全人类的利益，推动合作关系，有着世界性的民族观点。

在历史发展过程中，教育领域中的人文精神与科学精神不断融合，课程设计也逐渐建立了具有科学人文性的课程文化观。而在融合了人文精神与科学精神的课程中倡导“科学的人道主义”，将人自身的发展放在第一位，强调人的人文修养与人的科学素质的辩证统一，因此当代的教育理念也是该目的的体现，比如：“学会创造”“学会理解、宽容与尊重”等。

（二）教育民主化和教育公平化

从近代开始，世界的教育就在追求民主化，这也依然是 21 世纪世界教育课程改革的基本价值取向，也是我国体育课程改革的基本价值取向。教育民主化以下包含两个方面的含义。

1. 教育民主

教育民主的含义比教育平等更加广泛，不仅指人们受教育的权利是平等的，还指学生个体在教育中的人身自由和思想自由的权利是平等的，其中包含了社会意识同化等政治的意识形态方面。因此，教育民主主要是政治方面的民主在教育方面的延伸。

2. 民主教育

民主教育是指奉行与民主、公平原则的教育，主要包括两个重要的方面：教学中的民主、平等的师生关系，教育管理与决策中的民主。民主教育的核心内容是教育平等，包含以下四个方面的内容：

（1）人即目的

民主教育的目标是使人自由、平等，实现人的发展和价值，所以尊重每个个体自由发展的基本权利是以人为目的的表现。

（2）教育权利平等原则

教育权利是相对于经济和政治上的权利，教育平等的权利，指的是“受教育”的权利和在教育过程中享有平等的权利。

（3）机会均等原则

我国的义务教育制度是给予了机会均等原则，以法律为保障，基本要求是保证每个儿童有着均等入学的机会以及在教育过程中享有均等的待遇。

（4）差别性对待原则

每个学生个体一定有着差异，由于自身的天赋和个人际遇、家庭教育等因素的影响，造就了个体的差异性，教育在不同个体身上产生的效果也不一样。因此，在“机会均等原则”的基础上，需要依据每个个体的实际情况予以差别性对待，对不同的个体提供不同的教育待遇。

（三）回归生活的课程生态观

20 世纪的教育长期处于功利性的追求价值观的影响当中，教育与生活出现了明显的脱节现象，因此 21 世纪教育课程改革的重要理念就是让学校课程与人们的生活接轨，确立一种全新的课程生态观。回归生活的课程生态观的确立，是生态主义课程思潮以及实践逻辑发展的选择，也是人类探求教育课程变革以及适合自身生长的家园的必然要求。

近代两次世界大战对地球造成了严重的伤害，引发了生态危机，也造成了影响人类生存的危机，人们在解决危机的探索过程中，产生了生态主义。生态主义代表着全新的价值观和世界观，是人类对原有的世界观和生活及生产方式进行重新思考的结果。现代教育中科学至上主义、唯理性主义依然占据着主要地位，生态主义不断与之发生碰撞，随着生态运动的不断开展，生态主义得到进一步发展，逐渐趋于完善，并促成生态主义课程思潮的形成与发展。生态主义对当代课程的设计有着重要的启示。

1. 树立系统的整体观念，注重人与自我、与外界之间的辩证关系，摈弃西方的二元论以及功利性的课程价值取向。坚持民主平等的原则，对不同个体以及不同的思想观点予以充分的尊重。

2. 将人的发展作为教育的根本目的，努力发展人的社会性、自然性等健康属性。注重人的自然需要和社会需要的统一，对于个体的一致性和差异性也要辩证看待，致力于发展人的自由和个性解放。

3. 在设计课程的内容方面，要摈弃过去唯科学主义至上的观念束缚，达到科学与人文的统一，即“科学的人道主义”，融合人文精神与自然科学，使两者相互渗透，有机结合。在培养学生科学知识的同时也要注重对学生的人文知识和道德品质进行培养。

4. 建立民主平等的新型师生关系。在教学过程当中，教育者和教育对象应该建立平等互动的关系，保持平等通畅的沟通，让学生们在轻松和谐的氛围中学习，自由互动的氛围下探索，有利于培养学生自主学习的能力和习惯。

生态主义对于课程的影响是有现实依据的，因为在唯科学主义至上的课程环境里，教师和学生都很容易陷入到一种机械化的教学和学习过程中，老师没有感情投入，学生呆板接收内容，教育过程丧失了生活中的人的主体性，教育与生活相分离。因此，为了消除学生成长过程中只有“科学世界”带来教育和成长上的危机，现代教育必须让学生“回归生活”，寻回精神家园。

由上述内容可知，要坚持课程生态观，让学生回归生活，必须让学校的课程回到关注人本身的范畴内，突破学科领域的束缚，将艺术与科学、道德相统一。

（四）个性发展观

人身上的品质往往具有三种特性，即独特性、社会性、主体性。这些性质都是由不同品质综合反映出来的，要发展个性就要求不断地完善个性品质，主要包括以下两个方面：一是形成和发展积极的个性品质；二是克服和矫正不良的个性品质[①]。

秉持个性发展观展开的教育，是将促进学生的个性发展作为目的的一种教育，有意识地塑造学生积极性的个性品质，预防与改正

① 邹师 . 体育教学模式分类及其应用研究 [J] . 成都体育学院学报，2001.

其消极的个性品质[①]。因此，个性教育的目的实则是促进学生积极的个性发展。

现今的学者们对个性发展的理解达成了一个共识，普遍认为个性发展的核心是发展学生个人的创造精神，具有特殊性、独立性、社会性。

二、新时期体育课程改革的基本走向

（一）体育课程决策权利走向均衡化

我国课程政策变革的核心在于决策权力分配的变化，这是为了适应教育的国际化和国内的国情变化以及日益增长的众多地方需求。课程改革的一个原因就是为了满足不同地区、不同社会力量对课程的要求，反过来，课程改革的内容其实也是各种利益集团强烈意愿的反映，所以课程的制定也改变了原来的统一性，呈现出多样化趋势，并且变得更加科学化和民主化。

放眼当今世界范围内的教育界，教育课程的行政管理体制主要有两种：集权化和分权化。二者各有利弊，所以，现在的发展趋势是原来集权化的管理体制转变为开始注重地方的需求，逐渐重视学校课程开发的自主权；原来分权化的管理体制转变为加大国家对课程开发的干预力度。由此可见，课程政策权利的决定权呈现出均权化趋势。课程政策的均权化，意味着课程变革的过程中需要多个方面的人员参与，比如：社区代表、教师、家长、学科专家、行政官员以及学生等。

在课程设计方面，国家性的指导文件《体育课程标准》只提出了体育课程学习的目标以及建议，并没有给出具体的实施措施。这种给予地方高校高度自主权的方式有利于地方设计出符合自身实际情况的课程，满足了地方学生的体育需求，丰富了体育课程的多样性；同时，另一方面对课程设计的目标和核心的宏观管理有利于国

---

① 张汉辉．体育教学目标问题的分析与探究 [J]. 教育 , 2015(03).

家把握体育教育的前进方向。

（二）体育课程目标趋向健康

体育课程目标是指学校体育教育在限定的时期内预期要达到的结果。其目标是教育前进的动力和发展方向，对教学和实践起着决定性的导向作用。

体育课程以增进学生的全面健康为主要目的，以身体锻炼为主要手段，从社会、生理、心理这三个维度，全面培养人的素质。体育教育是国家培养高素质人才的重要途径，体育课程是学校课程体系当中的重要组成部分。

我国的体育课程目标设定全面贯彻了相关教育文件的方针，坚持以人为本、全面发展的理念，必须协调发展学生的身心健康，不仅要注重增强学生的体质，考虑到技术技能的训练，还要注重提升学生的心理素质、社会适应能力等综合素质，发展学生的个性，通过在体育中发展个性，使学生养成终身体育的习惯。

体育课程目标的设定要考虑多个方面，通过综合考虑后确定目标，包括以下几种：培养学生的体育兴趣、习惯，锻炼学生的体育能力；培养学生的体育文化素养，使之养成终身体育的习惯；在体育教育中促进学生的个性发展；传授给学生正确的体育知识与实用的技能方法；增强学生的体质，促进学生的心理健康发展。

（三）体育课程内容呈多元化发展

课程内容的充实需要以课程目标为导向和制约标准，以满足学生的身心发展需要为依据，将体育教育与文化知识相融合，旨在提高学生身体素质的同时也能培养学生良好的道德品格，促进其积极个性品质的发展。

为了提高学生的体育积极性，满足其个性发展，从而提升教学效果，课程内容需要增强其娱乐性和健身性，增加符合时代发展和大学生身心发展特点的新型体育项目，以及传统的民族体育项目，以适应社会的发展和学生健康成长的需求。体育运动的作用不再仅限于体育教材，可以从多样化的体育项目中理解体育文化的丰富含义。

（四）体育课程评价注重促进学生发展

新时期体育课程改革后，体育课程评价也发生了变化，新的体育课程评价将改变以往的单一、外在的评价模式，从多方面多维度来评价。

课程评价的变化体现在以下几个方面：

1. 在评价方法上趋于多样化

评价方法多样化，不再采用单一的评价方法，多用相对的方法结合，比如：绝对评价与相对评价的方法结合，终结性评价与过程评价相结合、客观评价与主观评价相结合的方法进行综合评价。只有采用多种方法进行综合评价才能保证评价的合理、全面，从而有助于学生选择正确的方向和方式发展，树立自信心和端正学习态度，形成健康的心理品质。

2. 在评价标准上要求多元化

我国传统的体育课程评价都是把学生掌握运动技能与体育知识的程度当作课程评价的唯一标准，这是一种忽视了学生个体差异的单一、片面的评价标准。改革后的评价标准更加全面，可以分为三种：

（1）绝对评价标准

绝对评价标准指的是不考虑主观因素，只根据客观条件预先制定的标准，这是依据实际情况和课程目标的规定而制定的科学标准，该标准下反映的是学生的客观水平，能够使学生在一定程度上了解自己的实际水平与社会要求之间的具体差距。

（2）相对评价标准

相对评价标准往往是将学生的整体表现水平作为标准的基准，在学生内部进行横向比较的标准，将学生个体与基准相比，反映的是该学生相对于学生整体的水平，是相对的水平。

（3）个体内差评价标准

个体内差评价标准是以学生个体为依据的一种标准，是学生与自身的比较。将学生个体的理想水平、实际水平、过往水平作为评价标准，对学生的这三种状态进行纵向比较或是将学生发展的各个侧面进行比较。这种评价标准关注的是学生的个体差异，对挖掘和发展学生潜能极为有利。

3. 在评价主体上要求多元化

参与评价的主体身份要多样化，才会尽可能地进行多维度、全面的评价。评价主体往往是教师和学生，评价方式包括学生自评、学生互评、教师评价。以下是以学生为主体的两种评价方式的作用：

（1）学生的自我评价

学生的自我评价，有利于促进学生养成独立思考、自省的能力，这也是自我提升的一种方式，只有通过自省认识到不足才会有动力改进。

（2）学生之间的评价

学生之间互相评价，一是可以提高学生的参与意识，培养学生公正待人的意识以及虚心听取意见的品质；二是增加评价的角度，弥补教师评价和学生自评的不足。

第六章　新时期高校体育教学模式改革研究

进入新世纪以来，社会经济和科学技术高速发展，社会局势有了很大的变动，教育要适应社会的发展就必须紧跟时代的步伐，进行相应的改革。我国高校体育教学模式的改革对以后的体育教学和实践有着十分重要的意义，从宏观层面看，体育教学直接影响着我国大学生的身体素质，用长远的眼光看，影响着我国社会主义建设的人才培养。本章详细分析新时期高校体育教学模式的改革和发展。

第一节　体育教学模式概述

一、高校体育教学模式的概念

新中国成立后的很长一段时间内，我国的教育事业中一直没有关于教学模式的概念和经验，直到上世纪 80 年代，才开始对体育教学模式进行了专门的研究。首先遇到的问题是，如何对体育教学模式进行定义，关于这个问题很多学者有不同的看法，且具有一定的道理。此处摘取了几种主流的相关定义。

方建新、俞小珍（1996）等学者的理解是：体育教学模式是在一定的体育教学思想指导下，可供人们遵循的标准样式结构，它具有典型的意义，并且结构稳定。

吴涛（2001）认为：体育教学模式是有着一定的体育教学思想指导，围绕的中心是体育教学中的某一主题，具有稳定性、系统性、理论化的教学模型，规定了其中包含的内容。

杨楠（2002）对体育教学模式的理解是：它是体现教学思想或

规律的体育活动的策略和方式，它包括相对稳定的教材和教学群体，以及相对独特的教学过程和相应的教学方法体系。

综合不同学者对体育教学模式的定义，可以看出，体育教学模式是指在一定的教学思想的指导下，为完成体育教学目标而设计的教学框架。

二、体育教学模式的分类

许多专家、学者从自己的角度对体育教学模式进行了分类。

（一）邹师对体育教学模式的分类[①]

1. 依据其所蕴含的现代教育理论进行分类

体育是一门学科，因此自然有着自己的指导思想理论，这是教学模式具有科学性的根本保证。体育教学的相关指导理论有：教育学理论、素质教育理论、系统科学理论、现代教育理论、社会学理论。不仅有生理、心理上的理论，因为体育教育的特殊性，还要涉及一系列的医学以及生理学理论。

2. 以具体的教育目标进行分类

任何教学模式都是为了达到教育目标而存在的，必须以教育目标为导向。将体育教学的目标进行分类，主要可以分为以下几类：强健身心型、技能掌握型、提升素质型、体验乐趣型等等[②]。

3. 以教学方法进行分类

当前出现了很多种教学方法，主要涉及对学生传授知识的方法以及让学生掌握现代教育技术的方法，主要包括以下几种：交互学习模式、情景教学模式、学生自主学习、现代教育技术运用型等。

4. 以教学组织形式作为分类标准

体育实践对于教学来说是非常重要的组成部分，教学组织形式是教学实践的重要框架，根据教学组织形式的分类标准，主要有个

---

① 胡庆山，钟宏胜，王健 . 体育教学模式的特点、分类及其选择研究 [J]. 安徽体育科技，2004.

② 毛振宁 . 对始终体育教学模式的分析 [J]. 体育教学，2000.

别学习、集体学习、合作学习等等。

5. 以课的类型作为划分标准

划分体育教学模式即建立框架是为了方便实现教学实践，所以，按照体育课的类型将教学模式分类时要以教学类型作为标准，因此可以将体育教学模式分为素质教育课、理论学科课、新授课、复习课、考试课等。

（二）胡庆山[①]对体育教学模式的分类

1. 以其中蕴含的教育理论分类：

主要分为掌握学习教学模式、学习教学模式、俱乐部式教学模式。

2. 以教学目标进行分类

教学过程中根据不同阶段有不同的教学目标，按照教学目标可以将教学模式分类：激发学生兴趣的教学模式、培养学生能力的教学模式、掌握“三基”的教学模式、注重学生情感体验的教学模式。

3. 以教学方法为主进行划分

教学过程中可以运用不同的方法来达到教学目标，按照教学的方法来对教学模式进行划分，可将其分为：策略学习方式、传授与接受的方式、交互教学方式、情景教学方式等等。

4. 以教学组织形式进行划分

教学组织就是参与教学活动的成员的构成方式，按教学组织的标准划分教学模式，可将其分为个别化学习模式、合作学习模式、集体学习模式、俱乐部学习模式。

三、构建合理体育教学模式的基本要求

一种教学模式要构建合理、内涵科学才能被普遍适用，体育教学模式的基本要求，主要有以下几个特点：

---

① 张红 . 成人学校体育教学与终身体育 [J]. 成人教育 .2005(05).

（一）理论性

体育教学模式的实质是在特定的条件下，按照一定的理论基础指导而构建的教学框架，所以理论是其最重要的基础。体育教学模式的理论基础就是体育教学理论以及体育教育思想。

（二）直观性

体育这门学科与别的学科相比的特别之处在于，体育需要学生亲身实践才能真正掌握其技术和能力，也是通过体育实践才能将体育理论熟练运用从而化为自己掌握的知识，所以这要求体育的教学模式必须具备可操作性和实践意义，必须让学生直观了解。反过来也可以将是否具有强烈的直观性当作衡量体育教学模式是否创立成功的一个标准。

（三）整体性

体育教学模式是为了实现教学目标服务的，教学目标设定在整个社会背景的前提之下，因此体育教学模式的构建要从宏观上考虑整个体育教学思潮，结合新时期下的社会背景以及文化背景，这是体育教学模式从宏观层面体现的整体性。

从微观层面来看每个具体的体育教学模式，其中蕴含的教学理论和教学思想，都需要贯穿整个教学过程，理论与实践之间必须要有连贯性和一致性，这就要求体育教学模式本身要有整体性，围绕指导理论，其具体的执行过程和结构都必须与理论一致。这样才是一个完整且有效的体育教学模式。

（四）稳定性

构建一个新的教学模式需要耗费很长的时间、精力以及资源，可见其成本很大，所以为了有效利用成本，建立一个合理的体育教学模式应该具有极强的稳定性，这样才能长期使用。但是需要注意的是，稳定性并不是一成不变的，不是僵化的模式，而是在保证具有普遍适用性的同时留出可适应不同的环境的空间，能够让不同的教师根据自身的教学环境和教学对象来进行相应的调整和改进，以保证教学模式稳定发挥作用。

（五）可操作性

构建体育教学模式是为了达到教学目标，只有通过教学实践才能实现教学目标，所以体育教学模式必须能够落到实处为教学服务，这是可操作性的要求。体育教育模式来源于教学实践的经验总结，经过了实践的检验，其方法体系、模式的结构、操作程序都通过了教学实践的验证，最后将其运用到实践中去指导实践，这是体育教学模式可操作性的体现。

四、体育教学模式的功能

体育教学模式也有着与其他学科教学模式相似的功能，具体如下：

（一）解释启发功能

与别的学科的教学模式一样，体育教学模式的功能一样也要遵循一定的规则，其中最重要的一条规则，就是要用简洁明了的教学方法来落实和解决教学中的一系列问题，模式中蕴含的理论能够给予教师解决现实问题的启发。

（二）简化功能

教学活动有着普遍的复杂性和自身的特殊性，要将课程内容落实到具体的教学活动当中，就需要根据相应的规则来简化和总结教学活动，以便顺利展开教学，让学生清晰地接收教学信息。体育教学模式本质上是一个教学框架，将教学模式运用到教学活动中，教师便能在短时间内清楚教学方式以及如何将教学内容用具体的方式实施，这就是教学模式简化教学活动的体现。

（三）中介功能

教学模式的中介功能，是指教学模式充当了教学理论与教学实践之间的媒介，可以将两者有效地连接在一起，发挥出良好的效果。教学模式的中介功能一般体现在以下两个方面：

一是教学模式运用在教学实践中时，可以引发教师对于该学科教学以及今后发展的思考；

二是教学模式中蕴含的教学理论可以为教学实践提供可供参考的操作策略和程序，指导着教学实践。

（四）调节与反馈功能

教学模式的实质是教学框架，是为教学活动服务的，因此，为了保证教学模式能够适应不同的教学环境和教学活动，任何教学模式都必须有一定的调节和反馈功能，教师可以根据自身所处的环境和具体的教学活动对体育模式进行调节后再运用。另外，教学模式的反馈功能还体现在可以通过总结分析教学模式对教学实践产生的影响，为进一步的教学改革及发展打下基础。

（五）预测功能

体育教学模式与别的学科的教学模式一样，都有相关理论作为指导思想，把教学内在规律及逻辑关系作为构建结构的基础。体育教学模式为教学活动而服务，所以最后一定会达到一个教学效果，在构建教育模式的时候，教学模式赋予了一定的预期目标，换言之，教育模式根据教学的规律和逻辑关系而预测了一个教学结果。

因为体育教学模式蕴含着教学内在规律及逻辑关系，教学模式对教学结果的预测功能很大程度上决定了教学目标，因为其中的客观规律可以对各种不同形势的教学活动进行较为准确的结果预测，所以一般情况下，教师可以参考教学模式的预测结果来判断和评估体育教学的进程和实际结果，同时也会通过实际结果来对比预测结果和过程，总结教学模式的规律。

教学模式的预测功能主要有两种表现情况：一是预测的教学结果在实际的教学活动中确实达到了要求，实际结果与预测结果相吻合证明理论与实践统一，理论对实践的指导正确，应当持续推广；第二种情况是如果在教学活动没有达到预测的目标，说明理论与实践之间有一定的偏差，此时应根据实际的教学情况对教学模式进行相应调整，以便体育模式更准确地服务于教学活动。

第二节　高校体育教学主要教学模式

在世界的教育历史中，人们构建了许多教学模式，本节将对几种教学模式进行简单介绍。

一、凯洛夫运动技能教学模式

（一）凯洛夫运动技能教学模式的建立背景

凯洛夫运动技能教学模式，由苏联运动教育专家凯洛夫创立。该教学模式注重从掌握运动基础技术的角度来教学，令学生首先认识运动再到掌握运动技能，从感性认识上升到理性认识，其教学过程细分为感知、理解、巩固、应用等几个阶段。凯洛夫运动技能教学模式通常被称为传统运动技能教学模式，在我国体育教学领域中长期居于主导地位。

（二）凯洛夫运动技能教学模式的指导思想

该教学模式的思想是通过学生学习运动技术，掌握相关的运动技能，从而提升运动水平。凯洛夫运动技能教学模式以运动技能的形成规律为主要依据而设计，注重教师的指导作用，教师传授技能给学生，学生学习后通过持续练习来掌握相关的技能。

（三）凯洛夫运动技能教学模式的操作程序

凯洛夫运动技能教学模式的操作程序十分简单，具体内容如图 6-1 所示。

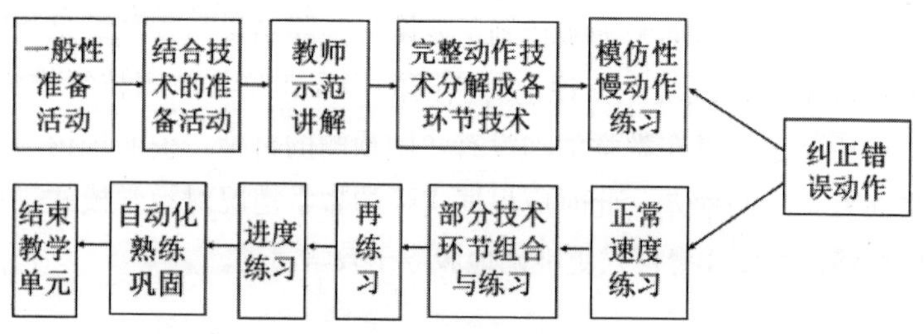

图 6-1　凯洛夫运动技能教学模式的操作程序

（四）凯洛夫运动技能教学模式的主要特点

现今还没有哪种教学模式是完美无缺的，所以凯洛夫运动技能教学模式也有利有弊。

1. 优点

该教学模式采用的是典型的传习式教学方法，教师将体育动作传授给学生，充分发挥了体育教师的主导作用，教师可以将教学步骤安排得细致、合理，按照动作构成的难易结构进行循序渐进的教学，这种传授方式有利于学生学习较难的运动技术，学习的动作也更准确，从而使得掌握的运动技能更加扎实。

2. 缺点

（1）由于该模式下的教学方法会出现对一个动作长期反复练习的现象，教学内容单调枯燥，缺乏趣味性，不利于激发学生的兴趣和调动学生的积极性。

（2）教学方式呆板单一，没有让学生发挥主动性的机会，长期处于单向接收信息的局面容易导致学生产生厌倦情绪，从而影响教学效果。

（3）再次，在教学的实践过程中，凯洛夫运动技能教学模式强调的是教师照本宣科地传授既定的体育内容，让学生认真学习。但这样会出现一个常见的问题，师生仅仅对单一独立的体育动作进行教学和学习，忽略了一些相同或者相似的运动技术之间的纵向联系，导致学生往往不能将各种运动技能融会贯通，不利于学生养成学习的系统性。

综上所述，凯洛夫运动技能教学模式的弊端是没有突出学生的主体性，不利于引发和调动学生的学习积极性，反而容易让学生在单调枯燥的学习过程中产生乏味、厌倦的消极情绪，虽然理论教学好，但实际效果往往达不到预期。

二、小组式体育教学模式

（一）小组式教学模式的建立背景

小组式教学模式也被称为“小群落教学模式”，源于二战后的日本，其内容和核心均受日本的“小群落学习法”影响。上世纪 50 年代，小组式教学模式运用于体育教学实践中，并获得成功。

小组式教学模式的操作程序是在体育教学过程中把学生分成若干个学习小组，由教师的统一指导，同组的学生之间、不同组别之间形成互动、互助又相互竞争的关系，目的是为了增强学生学习的主动性，从而提高教学效率①。

（二）小组式教学模式的指导思想

小组式教学模式基本指导思想为：在遵循体育学习集体发展规律的基础上，通过利用体育教学中的集体因素，调动学生的集体意识和竞争意识，发挥学生的自主性，从而达到教育的作用。此模式能够充分发挥学生间交流的社会性作用，加强学生之间的交流，从而提高学生社会性。

小组式教学模式的指导思想主要体现在以下四个方面：

1. 为了提高小组的竞争力，要求组内学生有着一致的奋斗目标，团结一致，全员向着目标努力，步调一致，统一行动。

2. 规定各个小组的基本条件是平等的，在基本条件没有太大差别的情况下，鼓励学生合理竞技，激发学生的学习兴趣和积极向上的心态，以便提高学习效果。

3. 教师对不同组别以及同组内的竞争关系进行引导，有针对性地对学生面临胜败的心态进行疏导教育，培养学生胜不骄、败不馁的竞争态度。

4. 教师尽力营造学生互帮互助、公平合理的正确竞争模式，以此提高学生的社会适应能力和心理健康水平。

---

① 杨家良.试谈布鲁纳教学理论观[J].盐城师专学报(哲学社会科学版).1998(02).

（三）小组式教学模式的操作程序

小组式体育教学模式的简单程序为：首先由教师制定相关的规定，然后将学生分成多个小组，教师指导教学后小组各自学习，小组间交流活动，小组测验，教师对小组表现进行评价，小组解散。(如图 6-2)。

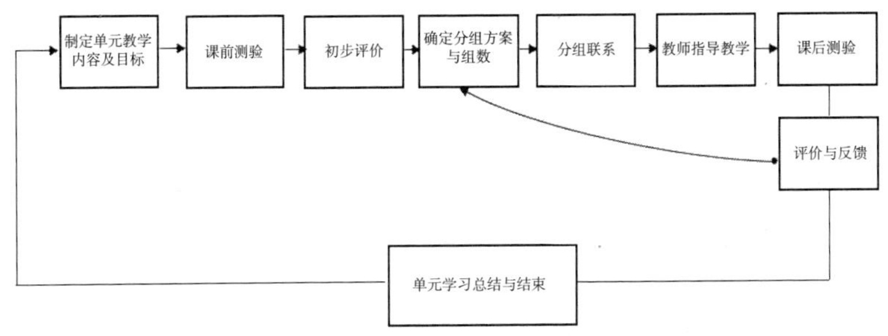

图 6–2 小组式教学模式的操作程序

（四）小组式教学模式的主要特点

1. 优点

(1) 小组式教学模式通过关注学生之间的交流合作、竞争关系，充分调动学生学习的积极性、竞争性，有利于激发学生的学习兴趣和热情，提高学习效果；

(2) 由于分组合作或竞争具有社会属性，利于培养学生的社会适应能力，利于增强学生的社会竞争能力以及团队合作能力。

2. 缺点

这一教学模式由于意在发挥学生自主学习的能力，培养学生的社会适应能力，所以给予学生高度的自由，耗费了大量的练习时间，导致学生掌握技能的效率较低。

三、快乐体育教学模式

（一）快乐体育教学模式的建立背景

快乐体育教学思想源于二战后的日本和德国，在上世纪 80 年代逐渐影响着我国的教育界。经过多年的发展，取得了一定的成果和经验，这些成果和经验在现代体育教学中仍然发挥着重要作用。

日本学者认为，快乐体育教学是以获得运动中包含的乐趣作为目的来让学生学习的一种体育教学模式。但我国的专家和学者则认为，成功体育教学模式主要是通过运动这一教学方法来让学生获得乐趣的，并因此热爱体育运动，达成锻炼身体的目的并形成终身体育的意识①。

（二）快乐体育教学模式的指导思想

新课程标准由于课程改革而有所改进，其中部分内容吸收了快乐体育教学模式的指导思想。新的课程标准不仅站在学生的立场，把为学生考虑作为出发点，重新审视学校体育教育存在的问题，而且全面、明确地设定了新的课程目标，即将教育重点放在促进学生在体育教育中形成健康生活的方式和态度，并帮助学生养成终身体育的意识。快乐体育教学模式的指导思想按顺序可分为三个方面的内容：

1. 将系统的体育教学整体细分成若干个单元组成，认真设计每个单元的内容。

2. 借鉴各种教学方式和教学理论的长处，为学生营造一个和谐愉悦的教学氛围。

3. 从实际情况出发，将相关理论融入教学中，充分合理的运用多种教学手段，对现有教学条件进行开发和利用。

（三）快乐体育教学模式的操作程序

快乐体育教学模式常见的操作程序如图 6-3 所示。

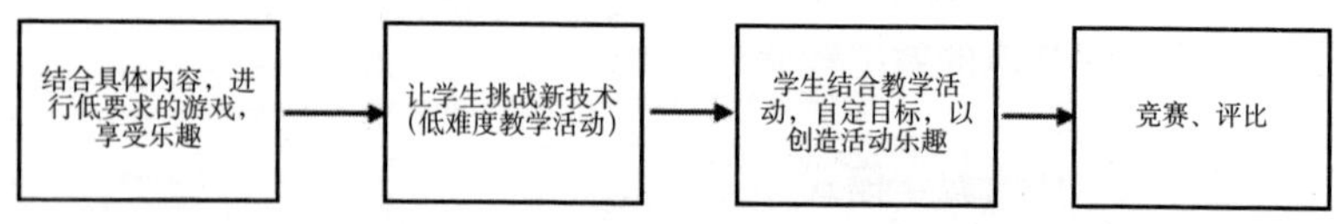

图 6–3 快乐体育教学模式的操作程序

---

① 整体课程研究 [D]. 安桂清 . 华东师范大学 ,2004.

（四）快乐体育教学模式的主要特点

1. 优点

快乐体育教学模式注重学生感情因素和情感体验的发展，使学生在体育运动中获得乐趣，能激发学生的体育热情，并促使学生自觉增加练习时间，进一步提高运动能力，达到了增强体质的目的，利于学生自觉养成终身体育的意识。

2. 缺点

缺点主要是对教师的要求较高，增加了教师的工作量。一方面为了激发并保持学生对体育活动的兴趣，必须避免学习内容的单调乏味，这要求体育教师需要在体育内容的新鲜度上花费不少心思，并且学生个体之间有差异性，体育内容难以同时满足所有学生的兴趣爱好；另一方面为了让学生找到适合自己的体育练习项目和方法，教师需要加大对每个学生个体的了解，不断变化教学方法与组织形式。

四、探索式体育教学模式

（一）探索式体育教学模式的建立背景

真正意义上的探索式教育理论是由美国著名的认知学派心理学家和教育家杰罗姆·S. 布鲁纳在上世纪 50 年代末创立的。探索式体育教学模式，即通过教师的适当引导，令学生自主独立进行思考，并主动解决遇到的问题，以达到教学的目的，与别的教学模式的最大区别是教师的角色被弱化了，教学对象和探索行为的主体都是学生。探索式体育教学模式主要强调教学过程、直觉思维以及内在学习动机三个方面，这也是这一教学模式的重要特点①。

（二）探索式体育教学模式的指导思想

探索式教学法与传统教学方法的不同之处在于，教师在教学过程中的角色存在被弱化了很多，仅仅给予学生适当的引导以及最后

① 张世英 .A.H. 列昂节夫的科学活动 [J]. 心理学报 .1980(04).

的总结，学生需要独立地去发现问题、解决问题。由此可见，探索式体育教学模式的指导思想是以学生为主体和教学的中心点出发的，在遵循学生认知规律的前提下，推动学生进行独立式、探索式学习，具体包括以下几个方面：

1. 坚持以学生为主体、为中心的指导思想，发挥学生的主体性和能动性。

2. 学生是探索式教学模式的主体，要激发学生进行探索的热情，着重培养学生探索学习的精神。

3. 教师利用教学手段激发学生的思维，帮助学形成分析问题、解决问题的思维方式。

（三）探索式体育教学模式的操作程序

通常，探索式体育教学模式的操作程序主要由以下几个部分组成，如图 6-4。

图 6–4 探索式体育教学模式的操作程序

（四）探索式体育教学模式的主要特点

1. 优点

(1) 能够促使学生进行主动的思考和探索，有利于促进学生的智力发展，能够提高学生对体育学习的热情和积极性，从而提高教学的效率；

(2) 学生在独立自主分析问题、解决问题的过程中可以将理论理解透彻，并能将理论有效地运用到实践中；

(3) 能够帮助学生掌握分析问题、解决问题的思维方式，实现了教、学、研的统一。

2. 缺点

(1) 在教学前期需要教师设置教学的情境，并提出需要探索的问题，这些问题的提出、讨论、解决会占据大部分时间，于是缩短了学生对运动技能的学习和练习的时间，从而影响学生对运动技能的掌握程度和效率；

（2）从对该教学模式的评价方面来说，由于探索式教学模式下的内容和形式灵活多变，教学效果受到很多变量因素的影响，无法及时掌控教学质量且无法轻易与其他教学模式进行比较，也就无法短时间内改进教学方法。

五、成功体育教学模式

（一）成功体育教学模式的建立背景

成功体育教学模式最初于上世纪 80 年代在美国的大学中兴起。成功体育教学模式，就是通过运用合理手段和组织措施，帮助每个学生树立正确的个体阶段目标，学生通过自身努力后达到目标，获得成功感，从而热爱体育，积极参与体育锻炼，促进学生身心发展的一种教学模式。由此可见，成功体育教学模式与别的教学模式相比最大的区别是其主要目标是让学生在体育运动中获得快乐与成就感，并产生自我超越的欲望，从而使得学生热爱体育运动，增强自身素质。

（二）成功体育教学模式的指导思想

成功体育教学模式是实现素质教育的重要途径，其主旨是让每一个学生都能体验到体育学习的乐趣，化被动学习为主动学习。该模式的指导思想主要包括以下几个方面的内容：

1. 从学生的立场出发，尊重学生的主体性，发挥学生主体的主动性。

2. 分层教学，让学生获得成功。根据不同学生个体的客观差异或者是在个体的不同体育阶段，安排不同的体育内容，让学生能够通过努力获得成功。

3. 为让学生获得成就感，可适当降低难度，让学生获得成功的愉悦感、认同感并激发学生对体育学习的热情。

4. 通过游戏、竞赛等方式让学生产生自我超越的意识，由此挖掘学生的体育潜能。

（三）成功体育教学模式的操作程序

成功体育教学模式的简单操作流程为：从鉴别教材到教学诊断，设置分层教学，先设置低难度的目标，学生完成低难度目标获得成功感后引导其设立更高难度的目标，直到超越自我（如图 6-5）。

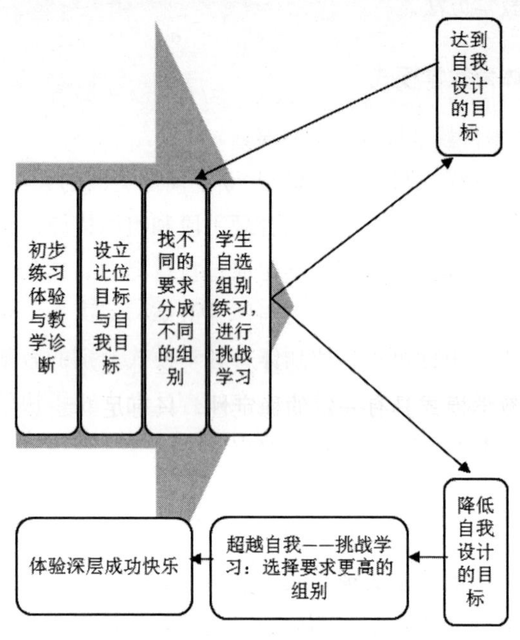

图 6–5 成功体育教学模式的操作流程

（四）成功体育教学模式的主要特点

1. 优点

有利于学生的自我认识、自我提高。充分尊重学生的主体地位，注重学生的情感体验，使学生通过从体育学习中获得成功感和满足，帮助学生提高自信心，调动学生学习的积极性、主动性和自觉性，从而促使学生主动进行体育学习，能够有效达到锻炼身体的目的。还能让学生自觉形成终身体育的习惯意识。

2. 缺点

（1）这一教学模式需要教师提前了解清楚每个学生个体的情况，并以学生的个人素质为依据来设置目标，这对于教师来说，组织教学的难度和工作量压力非常大。

（2）设定的目标有时候并不适合，如果学生没有达到目标则容易产生自卑心理，这与该教学模式达到本意是不符的。

第三节　新时期高校体育教学模式的特征与实践

一、新时期高校体育教学模式的特征

（一）体育教学模式的相对稳定性

教学模式是为教学活动服务的，最后一定要运用于实践中，任何一种教学模式都必须经过实践的检验是否适合运用到教学实践中去，这就要求教学模式具有一定的稳定性，只有足够稳定适用于教学实践的教学模式才具备推广和运用的条件。

新时期的体育教学模式的稳定性是相对意义上的稳定，因为社会变化十分迅速，教育模式是跟随时代背景而不断完善的。

（二）体育教学模式的理论先进性

任何一种教学模式都有着经过实践检验的理论作为指导思想，都基于一定的合理理论的指导，教学模式构建中的各个重要环节都要遵循其包含的科学理论。理论的先进性在于在其发展过程中不断抛弃旧的、落后的理论，学习吸收新的、先进的理论。

（三）体育教学模式的整体优化性

体育教学模式的实质是教学的框架，其组织结构影响着整个教学过程，其中蕴含的教学理论和教学思想，贯穿着整个教学过程，理论与实践之间必须要有连贯性和一致性，这就要求体育教学模式本身要有整体性，围绕指导理论，其具体的执行过程和结构都必须与理论一致。这样才是一个完整且有效的体育教学模式。

（四）体育教学模式的直观性

体育需要学生亲身实践才能真正掌握其技术和能力，通过体育实践才能将体育理论熟练运用，从而化为自己掌握的知识和技能，所以这要求体育的教学模式在操作和实践的时候，必须能够让学生直观了解。反之也可以将是否具有强烈的直观性当作衡量体育教学模式是否创立成功的一个标准。

（五）体育教学模式的可评价性

无论是哪一门学科的教学模式，都要有与其配套的评价体系，只有对教育模式进行评价，才能将之优缺点提出来，促进教学模式自身的进步和发展。从另一方面也就是说，体育教学模式必须具有可评价性才能得以推广。

体育教学模式的可评价性主要体现在两个方面：一是体育教学模式的指导思想要符合时代背景，具备一定的思想先进性；二是体育教学模式要有清晰的教学过程和教学结构可供评价。

（六）体育教学模式的针对性

由于学生个体之间有很大的差异性，没有哪一种教学模式可以适用于所有学科、所有学生，因此，任何一种教学模式都必须有特定的适用主体，即要具有一定的针对性。只有这样才能保证体育教学模式的科学性和合理性。

二、新时期高校体育教学模式的改革实践

（一）将合格考核标准改为健康考核标准

新时期我国的高校体育教学考核标准与以往有很大的不同，以往是统一的以成绩是否合格作为唯一的标准来进行考核，改革后的绝大多数高校都将体育教学的考核标准由合格标准更改为健康标准，不再以考试成绩作为单一的标准，而是综合了多个考量因素，比如心理健康标准的引入，更体现出以人为本的教育精神。

（二）高校体育模式更加具有民族性和地域性

我国的高校体育选修课程在过去的很长一段时间里，只有篮球、

足球、排球、太极拳、健美操等传统项目，可供学生选择的范围狭窄，难以引起学生的学习兴趣。进入新时期后，由于教育紧跟时代发展的脚步，我国高校体育引入了许多新兴的体育项目，丰富了体育课程的内容，其中包括许多具有民族特色和地域特色的体育项目，将发扬民族文化融入体育教育中。多样化的体育项目激发着学生的学习兴趣，促进了高校体育教育的发展。

（三）打造“体育大课堂”

新时期的体育课程改革由原来的课堂内的课程发展到大课程，即不仅仅局限于课堂内的教学，而是把课外、校外的体育活动也一起纳入课程内容之中，将校外资源也纳入教学课程的统筹当中，比如展开社区活动、夏（冬）令营活动等。由此可见，打造体育“大课堂”是发展体育教学模式的首要任务，打破课堂教学的单一模式，让学生接触到更广阔的天地，学习到更实用的体育知识与技能，从而将正确的健康理念和体育精神植根到学生心中。

第四节　拓展训练理念下高校体育教学模式的改革对策

一、拓展训练理念对于高校体育教学模式的影响

为试行拓展训练，我国于2002年启动“大学生野外生存生活训练”综合实践活动，同年7月，由主办方从中国各大名校选拔出140多名大学生，经课题组的统一领导和部署，将大学生由各校体育教师分组带领，分别在黑龙江的帽儿山、湖北的神农架以及浙江的大明山三个实验基地进行了为期一周的野外生存生活训练，取得良好效果。此次拓展训练的实践取得成功后，我国各高校对于“应不应该将拓展训练引入大学课堂，如何引入大学课堂”这个话题进行了热烈讨论。

（一）凸显体育教学的综合性

与传统的高校体育选修项目相比，拓展训练是一项拥有极强综

合性的体育项目，能够多方位地提升学生的多种素质，比如它可以比较全面地提升学生的身体素质和快速适应陌生环境的心理素质以及应变能力，还可以磨砺学生的心智和积累生存经验；另一方面，拓展运动的环境往往有着典型的自然景观，为大学生提供了与大自然接触的机会，能够开阔学生的视野，激发学生热爱祖国大好河山的美好情感。

（二）强调学生能力的提升

拓展训练具有挑战性、冒险性、实用性和趣味性等特点，能够迅速激发学生参与活动的兴趣和热情，对于学生的能力提升也是多方面的，主要体现在：学生在拓展训练中接触的自然环境是很陌生的事物，在陌生的野外环境下会遇到许多以前碰不到的困难，这就需要学生自主学习思考如何有效地解决问题，增强了学生对于生存技能的掌握程度和处理实际问题的能力；学生需要快速适应陌生的环境以便展开训练，这是对学生的心理素质和应变能力的磨炼；在拓展训练的过程中并不能自己一个人解决所有困难，这需要与人合作，所以这锻炼了学生人际交往和团结协作的能力。

二、拓展训练理念下高校体育教学模式面临的问题

（一）缺少专业的师资队伍

开展拓展训练首先最需要的就是足够专业的师资队伍，需要一批拥有扎实的专业知识、丰富的实践经验、能够独当一面的教师队伍，而我国绝大多数高校并没有这样经过长期的专业系统训练的教师，目前我国高校的体育教师绝大多数不能很好地适应拓展训练理念下的高校体育教学模式的改革。

（二）可借鉴的成功教学模式少

拓展训练在世界范围内出现的时间也不算久，在我国就更加属于全新的体育项目，在实际应用中的实践则更短。在这种背景下，拓展训练还没有出现成熟的可供借鉴的成功经验，因此我国高校管理人员和教师对拓展训练认识不深，实践经验缺乏。

（三）安全管理存在不足

拓展训练的地点往往是在野外的自然环境中，自然环境有着许多不可控的危险因素，而大学生正处于好奇心旺盛的年纪且开放的环境对于长期生活在城市中的学生有着很大的诱惑力，学生可能会做出一些不自知的危险举动，所以安全管理在拓展训练中是极其重要的部分，我国的高校野外拓展训练缺乏周全的安全保护措施，也出现过一些安全问题。保障学生的安全是最重要的，所以要开展拓展训练，安全管理是要解决的首要问题。

三、拓展训练理念下高校体育教学模式的改革对策

（一）加大师资队伍的建设

师资队伍的建设是高校体育教学改革的重点，不管是课堂训练还是拓展训练都需要一支实力出色的教师队伍，而拓展训练则对教师的要求更高，只有在专业素养过硬、实践经验丰富的优秀教师的引领下，才能完成对学生在拓展训练中的训练和培养，训练过程中的安全才能得到保障。因此，教育部门要加强体育教师队伍的建设，着重加大对体育教师队伍的专业知识培训和实践培训的力度，令体育教师能够熟练地将理论知识运用于实践当中，为推动拓展训练理念下的体育教学发展提供强有力的保障。

在建设师资队伍方面，具体措施包括学校与社区、俱乐部及相关民间组织合作，与专业的组织、公司合作，寻找为培训教师提供学习和实践的平台。

（二）合理设置教学模式

拓展训练是一项综合性的训练活动，其中包含了对学生多方面的能力和素质训练，因此在设置教学模式时也要具有一定的综合性意识，有针对性地结合多种教学模式，在安全得到保障的前提下多多探索新的教学方法，有效提升学生各项能力和综合素质。

（三）做好安全预防工作

大部分的拓展项目本身以及其开展的环境都具有较大的危险性，

因此在具体的实施过程中，处于首要地位的是学生的人身安全，教育和训练效果是在安全得到保障的前提下才能思考的问题。具体要做好以下几个方面的工作：

1. 提前勘探好活动的环境，清除一些较大的危险因素，设置好安全系数高的活动路线，并做好突发情况的紧急预案。

2. 在活动路线中配备足够数量的安全器材，并通过讲解示范，教授学生如何正确使用安全器材。

3. 在训练之前，要严肃告诫学生需要注意的安全事项，并详细讲解可能出现的危险问题，以及遇到问题时的解决办法或应当采取的措施。

4. 在拓展训练的活动过程当中尽量全程监控，密切注意安全管理。

第七章　新时期高校体育教学方法改革研究

在新时期的高校体育，教育的方式方法为了适应社会的发展也会不断发生变化，但也同样是为了能够满足新时期学生的身心需求，所以，对于在新时期下的高校体育，其教学方法还需要做出一定的改革和创新，具体来讲，首先需要从体育教学的概念开始入手，然后通过对教学方式的分析，进而拓展高校体育教育的改革和前景。

第一节　体育教学方法概述

一、高校体育常见教学方法

（一）语言法

所谓语言法，就是教师主要采用直白的语言讲解的方式，对学生的运动、学习和训练进行指导①。一方面，语言法要求教师在讲解知识点时准确、直白，能够在最短的时间内用最精准的语言将知识点传达给学生，其语言传达方式既要能够启发学生的思维，又要激发学生主动分析问题以及提高学生解决问题的能力，让学生形成对知识点的一个正确认知过程。另一方面，在进行精准的语言表述时，教师可以用生动、灵活的表述方式，使原本生硬的知识点变得富有趣味性，激发学生的学习兴趣，活跃课堂气氛，使体育教学达到事半功倍的效果。

---

①　皮亚杰理论与康德先天范畴体系研究 [M]. 华中师范大学出版社 , 熊哲宏著 ,2002.

（二）事先提醒与纠正错误法

在体育教育活动中，学生难免会在活动的方式方法上出现一些错误性的行为，在这种情况下，教师有责任和义务对学生的错误行为进行干预和纠正，通常情况下，要么在体育活动前进行事先提醒，即口头提醒或身体示范，要么在事后及时进行纠正，即限时事后纠错等。

事先提醒与事后纠正两者之间是一个灵活高效的教学手段，相互之间没有明显的界定，例如，在学生进行体育活动时，即便是在活动前，教师已经进行事先提醒，但并不代表学生在体育活动过程中就完全不发生错误，也可能会出现需要事后纠正的情况。但是两者的特点和性质又各有不同。

事先提醒是一种预见性、超前性，即预测学生在运动活动过程中可能出现的失误或错误，然后准备找出出现这种失误或错误的原因，教师主动、积极地通过事先提醒进行干预，是一种防患于未然的举措；事后纠错的特点较为明显，即在失误或错误发生以后，再进行有效的干预和纠错。

（三）游戏与竞赛相结合的教学方法

在高校体育教学中采用游戏与竞赛的结合教学方法，其目的较为明显，即增加体育教学的趣味性，促进学生对体育活动的积极性与参与性。将游戏与竞赛相结合的方法运用到体育教学中时，还应当注意以下几点：

第一，在进行游戏或竞赛之前，必须给学生树立一个明确的目标和方向，便于学生预测在这一过程中可能会出现的困难，然后思考采用何种方式和策略来达到目标，从而达到教师制定出的教学效果。

第二，同样地，在活动前需要确定学生已经充分掌握运动过程中需要用到的技能和技巧，且有能力完成任务，并对活动结果有一定的心理准备，避免学生在没有任何准备的情况下仓促参与，导致身心压力过大。

二、高校体育教学方法的基本原则

（一）教学方法要理论结合实践

在高校学习的众多学科中，文化课通常较为注重课堂的理论知识的掌握，而体育课程则恰恰相反，对于实际实践较为重视。但科学的教学方式是要将理论与实践相互结合，相辅相成，二者是缺一不可的，理论是实践的基础，实践是理论的目的，实践出真知，所以说，实践是检验理论的唯一标准。在体育教学中，其理论知识不仅是指运动理论知识，还包括与运动相关的生物知识、心理知识等。因为在实际的实践过程中，这些理论知识都与具体的体育教学息息相关。

（二）提升健康意识

我国高校学生长时间进行脑力劳动工作，缺乏身体锻炼，从而出现了中国青少年亚健康状态，如近视、肥胖、记忆力下降、注意力不集中、思维缓慢、反应迟钝等。改善这种状况的最佳办法就是提升学生的健康意识，加强体育锻炼，调节身体各项机能，大致包括以下几个方面：

第一，作为一名体育教学工作者，有责任在体育教学活动中帮助学生树立健康意识，告知长期不从事体育活动对身体的危害；

第二，不对学生教授对身体具有危险性、危害性以及有损心理健康的体育活动项目；

第三，接受学生的个体差异化，对学生不同的性别、年龄、生理特点制定出不同的体育教学方法。

第二节　新时期高校公共体育课教学方法的选用现状分析

一、教学方法单一

纵观我国高校体育教学所呈现出的方式方法可以看出，教学方法单一是一个较为普遍的问题，在长期的实际教学中没有得到较为良好的改善，其主要体现在以下几个方面。

（一）课堂环节设置单一

“预习—讲解—示范—练习—总结”是体育教学过程中所较为常见的课堂环节，且到目前为止仍然被众多高校沿用，这种固定、单一的课堂环节不仅让教师墨守陈规，同时也无法激发学生的积极性和热情。

（二）不能做到有差别、有层次的教育

在很多非专业的体育高校中，很多教师在从事体育教学时，没有从心理上接受学生所表现的差异化，如不同性别、不同年龄、不同的身体素质、不同的体育基础等，而是一视同仁地、集体地让学生共同进行体育活动，采用统一教学方法。这种教学方式最后呈现出的结果就是，基础条件差的学生无法跟上老师的教学节奏，在班级处于滞后水平，从而产生心理压力以及不自信；对于基础条件较为良好的学生来说，对教师所安排的体育活动已经熟能生巧，无法在技能技巧方面得到更大的提升，从而不能充分发挥自己的潜能，长期如此便会打消很多学生的积极性和热情。

鉴于高校体育教学中所出现的这种情况，体育教师首先应当从自我的思维观念上全面考虑学生的个体差异化，针对学生不同的个性差异和身体特征因材施教，做出有差别、有层次的教育方案，从而真正意义上全面提升学生的身体素质。

二、盲目选用教学方法

高校体育教学盲目选用教学方法主要表现在两个方向，一是部分教师坚信传统的体育教学方法，没有考虑到现代的社会环境与学生的性格特点；二是很多高校体育教师急于求成，不加甄别地盲目推崇较为先进的外国教学方法，具体体现在以下几个方面。

（一）不顾学校实际情况，盲目引用

有些高校体育教师在看到其他学校的教学方式取得成功后，也想在本校进行尝试，便通过简单的复制，生搬硬套地运用到自己的教学方案上，却忘记了其他学校的校园情况与学生情况都与本校有着很大区别，所以这种盲目引用的教学方法在最终结果就是“水土不服”，以失败告终。

（二）盲目迁移国外教学方法

国外有许多优秀的教学经验都是值得我国高校体育教师学习和借鉴的，但若盲目迁移，也无法达到理想的教学效果。例如从环境来说国内外就有着明显的区别，比如在美国，不仅学校内分有专门的室内、室外篮球场，在校外，每个小区都有一个篮球场，几乎每100米就有一个篮球场，200米就有一个健身房；又如在巴西，几乎每个小区都有一个足球场。但是纵观中国的教育环境和社会环境，就有不少人戏称到，中国每个小区都有一个补习班，每50米一个麻将馆，100米一个网吧，200米一个大药房。环境的区别化大大影响了学生的体育意识，也从根本上导致国外的教学方法无法在国内有效实行。

（三）盲目迁移其他学科的教学方法

不同的学科其教学方法也有所不同，例如化学课的教学方法就比较注重动手操作、实验、观察；数学课的教学方法就比较注重解题的方法、方式、步骤、手段、技巧等；语文课的教学方法就较为注重阅读、联系等；而体育课显然是注重身体的运动技能与技巧。所以在体育教学中，若盲目地将其他学科的教学方法迁移到体育教学中，而忽略了体育的特点与特殊性，最终也会以失败告终。

三、因材施教的理念普遍得以实施

“因材施教”出自《论语·为政》子游问孝、子夏问孝。朱熹集注引宋程颐曰：“子游能养而或失于敬，子夏能直义而或少温润之色，各因其材之高下与其所失而告之，故不同也。”可以看出，教师根据学生的实际情况、个别差异出发，有的放矢地进行差别化的教学，使每个学生扬长避短，才能得到最佳的发展。

在现代的教育方法中，因材施教的教育理念愈加深入人心，被国家和越来越多的教育工作者所重视，不少高校将这一理念作为教学的指导思想，贯彻实施到实际教学中。对于高校的体育教学来说，因材施教的理念同样能够帮助教师培养出更多优秀的学生，发现他们的天分，挖掘他们的潜能。

（一）从年级特点出发，选择合适的教学方法

在所有的教育体系中，之所以划分出不同的年级就是因为学生在不同的年龄阶段，在学习中所表现出来的学习理解能力和接受能力都会有所不同，所以根据这一特点，体育教学教师便可以针对不同年级的学生制定出不同的教学方法。例如对于刚步入大一的高校新生来说，其身体和心理状态都没有完全适应大学生活，体育教师便可以有针对性地给学生安排一些较为基础的训练课程，循序渐进地发展。对于大四的学生来说，其身心对大学生活和课程节奏有了一定的适应，且在体育课程中也有了一定的基础积累，教师便可以做出更有难度的技能技巧训练。这种区别化、层次化的教学方式正是因材施教的典型理念。

（二）从学生本身出发，选择合适的教学方法

从学生本身出发，选择合适的教学方法，可以让每一个学生都取得成功。对于一些初入大学的学生来说，他们的身体和心理仍然处于一个生长发育阶段，所以体育教师在选择教学方法时，应当针对学生的这个特点，为他们制定较为合理的体育活动形式。

（三）根据学校环境，选择教学方法

不同的校园环境也决定了教师的教学方法有所不同，对于有较好的体育设施的校园，教师可以充分发挥其设备优势，多为学生组织或开始与体育相关的竞赛，加大学生对体育的关注，吸引更多的学生参与体育。对于一些较为偏远的少数民族地区来说，虽然在硬件设施上无法与其他城市高校的设施相比，但是也可以利用其少数民族特色，开发一套有特色的体育教学方法，同样能达到提升学生体育水平的效果。

第三节　新时期高校体育教学方法的改革与发展

一、新时期高校体育教育方法的改革与发展的意义

（一）体育教学理念的发展

体育教学理念虽然在现代社会条件有了迅猛发展，但还没有相对丰富的教学积淀，所以还需要在未来的教学过程中深入研究，做出一定的创新和改革。

在 20 世纪初的时候，西方的分科教学法传入中国，使我国高校的体育教学有了一定的发展。分科教学法是由瑞典的体育教师 W. 斯卡斯特罗姆所提出，并编著了《体育教学法》一书于 1914 年在美国出版。当时中国所选用的体育教学多以美国、英国等国家的教材为主，从 1954 年起，为了适应高校体育教学需求，师范院校体育系着重研究体育教学法，开设了与之相关的课程，并形成了具有中国特色的教学训练方法，使体育活动丰富多彩。但随着社会的进步，人们的身体和心理都随着生活发生了相应的变化，所以对于体育的需求也与以往不同，现代体育教学更加注重以学生为主体，不以体育教师的知识教授为主，而是针对不同的主体差异进行分层教学。当然，体育教学方法的改革和创新还需要未来更多的体育工作者以理论结合实践出发，以学生为中心，提高学生对体育的兴趣，帮助他们全面发展。

（二）促进良好教学经验的发扬

任何事物的发展都会随着历史的沉淀而形成一定的总结经验，对于高校的体育教学来说，虽然在我国起步较晚，但后期发展势头也不容小觑，这正是由于体育教育工作者为我们打下了坚实的基础，便于我们在当下的高校环境中去改革、创新。对高校体育教育的深入研究是历史使然，是体育教学发展过程中的必然途径，需要对教学过程中的因素进行探究，如学生个体差异化、教学环境、体育器

材设施等，从而改革体育教学，不断完善，提高教学水平。

（三）促进各个层面、各个阶段的教学改革

当今社会人才竞争日益激烈，对人才的要求越来越高，使得高校教学也需要以此来对学生进行高水平的教育。在高校体育教学中，学生在不同的阶段其个体发展都会呈现出不同的趋势，因此体育教学也需要随时根据这一系列具有变动的因素进行调整，为学生后期的发展做好铺垫。

二、新时期高校体育教学的改革与发展的目标与方法

（一）新时期高校体育教学方法改革与发展的目标

1. 重视学生能力的提升

对于日益强大的中国来说，国家对人才给予相当的重视，尤其是对高校大学生寄予了极高的期望，高校教师更是将学生能力的提升作为教学中的重点任务，帮助学生提升各种能力，如自主学习能力、实践能力、创新能力、思维能力、观察能力、想象能力等，让学生更加适应未来社会中的工作和生活，与时俱进，成为一个具有较强综合素质的人。

高校体育教学方法的改革就是遵从这一要求，全面培养学生的实践能力、运动能力、自学能力、社交能力、操作能力等，经过传统强调知识的输出到现在注重要学生参与到实践活动中去的过程，能够更好地帮助学生全面地认识自己，发现自身潜在的天分，为今后的发展创造有利的发展空间。

2. 坚持学生为教学核心的理念不动摇

在现代教育理念中，学生是任何教学环节中的主体，教师要坚持以学生为教学核心不动摇，以学生需求为中心展开体育教学。传统的教学方式一般都是以教师为主导，通过教师的灌输进行教学，学生处于一个较为被动的位置，不利于学生更好地取得学习成效。

在新时期的教育理念下，教师由原来的主导者变为现在的组织者、引导者，坚持以学生为教学核心，从而了改变传统的教学方法，

将传统的师生关系进行转变，成为一种新型的师生关系，共同学习、相互促进，更加民主、平等，教师更加尊重学生的尊严和品格，学生更加尊重教师的人格和劳动。使学生在学习中更富有热情和积极性，从而提高学生的全面发展。

3. 教学方法以及教学方式的多样化

以多样化的教学方式开展高校体育教学，可以让课堂变得更加活跃，学生在体育课堂中也更加有所收获、有提高、有进步。首先，教师可以充分挖掘教材中与学生生活相关的知识点，作为切入点进行教学，不仅丰富了学生的生活内容，也可以让学生在生活中联想到体育知识，将体育知识与实际生活相结合。其次，进行趣味性的教学，俗话说“兴趣是最好的老师”，因此，体育教学变得更加有趣，能使体育教学事半功倍。再者，教师可以通过情境式的教学方法，激发学生思维，让学生积极主动地参与到体育活动中来。据相关资料统计，在多样式的教学方法上，国外已经达到 20 多种，国内出现并正在实施的也达到 10 多种。

4. 逐步向归纳演绎型方向发展

现代教学方式主要以两种教学方式为主，即归纳法教学模式和演绎型教学模式。归纳法教学模式就是先抓住现象，然后在现象中归纳其本质的思维模式。归纳法对学生的思维没有一定的局限，鼓励学生发现问题，说出自己独特的见解，其关键在于教师如何抓住现象，从而引导学生抽出其中的本质，总结出问题的一般规律。但是归纳法教学模式也存在一点缺陷，即不利于引导学生的创新精神。

在体育教学中，演绎型教学主要指教师通过相关动作的演绎向学生展示，便于学生理解，但是这种教学模式致使学生对教师较为依赖，教师对动作讲解的部分过多，学生的参与性较少，也容易遗忘其理论知识点。目前，这两种教学方式在高校教学中的运用较为广泛，是未来体育教学研究和探讨的主要方向。

5. 教学手段的现代化和综合化

教学手段是指教师在向学生传达知识和信息时所使用的工具、

媒体、设备等。传统的教学手段一般是通过口头语言、文字、书本来传授知识，但随着现代化的科学技术进步，其教学手段已经逐渐呈现代化趋势发展，出现了许多电子视听设备、多媒体网络，如幻灯机、投影仪、电视机、计算机等，利用光、声、电、影等现代化社会辅助教学，在很大程度上激发了学生的学习主动性，进一步优化了教学手段，也同样是高校体育教学未来改革中的重要研究点。

（二）新时期高校体育教学方法改革与发展的方法

1. 改善师资队伍和教师结构

师资队伍是高校教育的重中之重，一所高水平的高校必然是拥有一支高质量的师资队伍的，正如被称为清华百年历史上四大哲人之一的梅贻琦所说“所谓大学者，非谓有大楼之谓也，有大师之谓也。”其意思就是说，大学之所以是大学，其根本就在于有好的教师。在梅贻琦担任清华大学校长期间，为清华大学奠定了良好的校格，对师资人才进行了严格的筛选和延聘，为清华大学做出了不可泯灭的贡献。由此可见，对高校体育教学的改革，首先需要从高校的师资队伍入手，为高校体育教学建立一支稳定、高素质、结构合理的师资队伍。

（1）提升教师的学历

教育的发展在于教师的发展，有相关调查显示，在我国高校的体育中，其体育教师的学历普遍不高，所以加强师资队伍建设可以先从教师学历入手。

首先，在招聘环节做好严格把控，广招高学历的体育人才，如硕士研究生、博士研究生等，并指派一些知识渊博、经验丰富、业务过硬的老年教师对新进的教师进行指导和帮助；其次，重视在职教师的业务培训，按学期或年度要求，系统地组织教师进行岗前培训，学习与体育相关的教育知识，如教育学、心理学、生物学，以及规范相关的法律知识。通过这种集体培训，让教师的教学知识与时俱进，及时掌握先进的教学手段，提升相关学历，从而教导学生；最后，可以有针对性地进行高层次人才重点培养，作为学科骨干建议进行学术梯队建设，创造一个优秀的、全面的、综合能力强的体育师资队伍。

（2）对有为教师进行适当的培养和鼓励

我国教育体制为了提高教师的教学能力，对教师有一定的评定方法，即教师职称评定，这一评定方法较为严格，不仅提高了教师的工作积极性，也从侧面反映了国家对于教育事业的重视。但对于一些工作积极，对学校和教育有特殊贡献的青年教师来说，学校可以视情况对青年教师进行破格提升，挖掘青年教师的潜能和水平，为后继的青年教师做出鼓励和表率，发挥教师积极性和能动性，为建设更好的高校体育师资队伍做出更大的贡献。

（3）打造德才兼备的教师队伍

一支优秀的师资队伍，绝不仅仅体现在教师的学历、教课方法、解决问题能力等，教师自身的身体力行也对学生有着潜移默化的影响，在很大程度上可以对学生形成一种表率和榜样的力量。高水平的师资队伍是一个学校水平的体现，是学校未来发展的指引方向，是关系学生成长的关键。所以，为了给社会输出更多优秀的人才，使他们成为社会中有用的人，就应当更加注重师资队伍的优化，对于高校体育师资队伍来说，应该对学生做出严格的考察和筛选，对其专业知识提出严格的要求，提高体育师资队伍的综合素质。

对于高校体育教育工作者本身来说，不仅要要对自己的专业知识严格要求，同时还需要紧抓与体育相关的其他领域的知识，如思想道德修养、心理健康关怀等，并抓住有利的学习机会，不停留在现有的发展水平，通过进修、深造等方式努力提升自己；与此同时，教师还可以多与知识渊博、经验丰富的老教师进行沟通、交流、学习，借鉴他们的教育经验，为自己日后的教学生涯做出指引和建议；社会的发展日新月异，作为青少年人才的培养者和缔造者，教师更应当注重与时俱进，及时关注与体育相关的教学讯息，掌握先进的教学手段，引领学生不断进步。同时，学校作为体育教师的工作环境，应当多给教师提供发展平台，创造更多的晋升机会，提升体育教师的思想道德素质和专业知识，充分调动体育师资队伍的积极性。

在一些封建思想观念中，对体育教师职业带有一种不真实的看法，认为体育教师是一门清闲的工作，但实际上，高校体育教师不仅需要拥有较高的专业知识和技能，而且对其人格意志也有着极高的要求，不能同时兼备这些资历，是无法成为一名合格的优秀教师的。

2. 贯彻科学体育教学思想，扭转落后教学理念

虽然我国教育体制在不断的发展和创新，但仍然存在一些较为陈旧的教学理念，如让学生将知识点死记硬背；把能力和技巧知识化，不注重实际操作和理论实践；将知识和技能目的化，忽略了学生知识过程的体验；机械地传授知识，毫无情感，忽略了学生的心理感受；认为任何知识点都能通过“教”来获得，其实诸如创造力、思维力是无法靠教导来实现的。所以，为了改变这一现状，就必须将科学的教学思想运用到教学中来，尤其对于体育教师来说，应当以“以人为本”“健康第一”“终身体育”为教学指导，以学生为教育主体，以学生的需求选择教学内容，从而培养出综合素质高的体育人才。在体育教学过程中，鼓励学生发挥主观能动性，积极创世，多思考、多实践，以达到最好的教学效果。

3. 改革高校体育教学内容，提升高校体育教学效果

要提升高校体育效果，就要从高校体育教学内容着手，通过优化教学方法和教学手段，从而促进高校体育的发展。在改革高校体育教学内容上，可以对体育教学内容进行补充，丰富其教学内容，将一些具有特色的民族传统体育项目融入体育教学内容中去，让学生对我国的体育发展有一个全面的了解或者将一些新兴体育项目融入到体育教学内容中去，让学生与时俱进，不与时代的潮流脱轨；在教学方法和教学手段上，对传统的教学方法和手段进行归纳总结，去其糟粕，取其精华，再结合当下的各种新科技对教学方法和手段进行创新，加大学生对体育运动的热情，活跃课堂气氛、增添趣味性，提升体育教学效果。

4. 在发扬我国优良传统文化的基础上，吸收国际先进文化

自新中国成立以来，我国的体育事业开始全面发展，尤其是在21世纪以来，我国体育取得了很多突破性的发展，使我国体育在国际地位中占据了有利地位。这就使国家更加注重高校体育教育，并将高校体育教学加入到国际竞争当中。在这种局势下，我国高校体育教学的发展就不能成为井底之蛙，只立足于本国的体育教育文化，而是应当开阔视野，与时俱进，对国外的先进体育文化进行学习和借鉴，与本国体育文化相结合，打造具有中国特色的体育文化，提升在国际上的竞争力。只有这样兼容并蓄，才能创造出更多先进的教学理念和方式方法，才能使我国体育教育始终走在时代的前端，使大学生在未来的国际竞争中具备较高的能力。

值得注意的是，虽然我国的体育教育已经逐渐走向世界化，呈开放式状态，但并不因此意味着，我们就可以将国外优秀的体育教学理念进行“生搬硬套”，我们在借鉴和学习时，应当做到有甄别、有针对、有目的地进行选择性吸纳，从我国高校体育教学的实际情况出发，从而形成具有中国特色的体育教学理念，培养出具有国际竞争力的优秀大学生。

第八章　高校体育教学过程改革研究

在高校体育教学改革过程中，体育教师对高校体育教学过程的理解与掌握具有重要意义，这将会影响到体育教学的整体质量、学生的综合素质以及人才培养目标的达成程度。本章从高校体育教学过程的整体出发，先介绍体育教学过程的基础知识，再分析体育教学过程中的静态结构和动态结构，然后根据体育教学过程的具体内容以及存在的问题，提出相应的解决方案与优化措施。

第一节　体育教学过程概述

一、体育教学过程的含义

在高校体育教学活动中，体育教学过程指的是体育教师以高校体育教学大纲与学生的发展规律为依据，再结合教学内容、教学环境、教学设施等方面因素，对体育教学活动进行合理规划，引导学生融入到体育教学活动之中，并充分了解与掌握相关的体育锻炼知识与技能。在体育教学过程中，学生可以通过对体育锻炼知识的不断思考与练习，逐渐形成科学的体育锻炼方法，从而提高自身体质健康水平。

二、体育教学过程与其他学科的教学过程的不同之处

体育作为学校教育体系中的重要组成部分，与其他课程的教学活动有很多相似之处，同时也存在一定的差异。

高校体育教学与其他课程的教学活动的相似之处在于两者都是

“教与学”的过程，具体表现为教师的教学活动与学生的学习活动。教师要以教学大纲与规划为依据进行教学活动，为学生树立良好的榜样；学生要在学习过程中掌握一定的体育锻炼知识，提高自身的体育能力，并形成正确的思想观念。体育教学活动与其他课程的教学活动一样，将教师作为课堂的主导者，而将学生作为课程中的主体，从而实现教师主导性与学生主体性的有机结合。

高校体育教学与其他课程的教学活动的不同处在于一般课程的教学是通过利用学生认识的发展规律，以思维活动的方式来引导学生理解和掌握相关的知识；而体育教学不仅重视学生的思维活动，还重视学生的实践活动，即先通过思维活动的方式来引导学生理解和掌握体育相关的知识与技能，然后引导学生将这些知识运用到实践活动之中，学生通过不断进行实践活动来加强自身对体育知识的理解，从而提高自身体质的健康水平。

从整体上看，体育教学的特点具体表现为以下三点：其一，学生主要是通过身体形式参与体育教学活动；其二，学生不仅要学习相关的体育锻炼知识，还要将这些知识运用于具体的体育运动之中；其三，学生要通过不断练习的方式来加强自身对体育知识与技能的掌握。

因此，体育教师在开展体育教学实践活动时，先要明确学生的心理与生理发展的阶段特点，根据学生的思维认知规律进行指导性教学，然后通过研究和分析学生对体育运动项目的适应能力，从而进行实践性教学。

三、体育教学过程中的师生交往

（一）体育教学中师生交往的概念及含义

体育教学过程中的师生交往指的是体育教师在特定的教学环境中通过传播媒介将一些体育知识与技能传授给学生，而学生接受这些知识与技能并做出相应的反馈。这种双向互动方式不仅能够推动体育教学活动的开展，还能够推动人才培养工作的开展，因此体育教师必须要重视体育教学过程中的师生交往。

与其他普通社会交往方式不同，体育教学中的师生交往是指教师与学生在体育教学过程中通过语言、肢体动作等方式进行沟通的互动方式，包括意见反馈、情感表达等互动内容。在高校体育教学活动中，师生交往的含义具体表现为以下四种。

(1) 体育教师与学生是交互主体的关系。在高校体育教学活动中，这种师生关系表现为体育教师与学生二者的互动。而这种师生交往指的是体育教学活动中两个主体之间的相互理解、相互作用和相互沟通。在互动过程中，体育教师与学生的之间不限于信息上的交流，还包括肢体上、行为上的交流。

(2) 体育教学中的师生交往主要存在于体育课程之中。换言之，体育教学的师生交往被限定在体育教学活动相关的情境之中。如果是处于校外、课外或者其他非体育教学情境，体育教学中的师生交往就不复存在。

(3) 特定的符号系统是体育教学中师生交往的媒介。为了更好地达成体育课程的目标，体育教师会制定一系列特殊的符号系统，其形式包括语言与非语言两种。其中，非语言形式包括肢体动作、表情等；而语言形式包括体育运动技术相关术语、体育运动概念等。

(4) 体育教学中师生交往的内容包括体育课程的理论知识、技能、各种反馈、意见。在体育教学活动中，由于教师与学生的思维不同，他们会对同一事物持不同观点，在讨论的过程中，二者之间会逐渐发现彼此观点的可取之处，从而形成共同的观点。这种互动方式不仅加强了学生的语言表达能力，还有利于达成教学目标，从而促进学生身心发展。

（二）体育教学过程中师生互动的基本方式

为了更好地开展体育教学活动，教师应开展合理的互动，从而激发学生参与课堂的积极性与主动性。在目前的体育教学过程中的互动形式主要有教师与学生之间的双向互动、教师与学生之间的多向互动以及学生与学生之间的多向互动，都会对学生的体育学习产生一定的影响。

在体育教学过程中，不同的交往方式具有不同的作用，能够对教师的教学状态以及学生的学习状态产生积极或消极的影响。双向互动指的是教师与学生之间进行的交往，教师先将体育锻炼知识、技能通过语言与肢体动作的形式传达给学生，而学生在学习体育锻炼知识、技能的过程中发现并提出自己的疑惑，从而更加熟悉学习内容。这种双向互动的优势在于教师能够在短时间内向学生传授大量的知识，并且可以通过学生反馈的信息来调整教学方案，但是这种互动方式无法保证学生能够掌握教师所传授的知识。除此之外，双向互动还忽视了学生与学生之间的沟通，从而导致学生无法充分发挥自身的主观能力性。另一种交往方式为多向互动，多向互动指的是教师与学生之间的双向互动和学生与学生之间的双向互动，不仅表现为教师与学生在课堂上的互动，还表现为学生与学生在课堂上的互动，从而营造活跃的课堂氛围。

第二节　高校体育教学过程审视探索

在进行高校体育教学的分析与研究工作时，我们可以从静态和动态两个角度着手，从静态角度来看，高校体育教学主要包括体育教学过程的规律和体育教学系统的构成要素；从动态角度来看，高校体育教学主要分为教学准备阶段、教学实施阶段和教学反思阶段三个阶段。本节主要从静态与动态角度出发，对高校体育教学过程中教师与学生的相互关系进行分析与阐述。

一、高校体育教学过程的静态结构分析

（一）高校体育教学系统的构成要素

要分析高校体育教学系统的构成要素，先要树立整体观念，从系统的角度出发，从而全面、客观地进行分析。高校体育教学系统是一个整体，其中包括了多个要素，并且一些要素之间存在一定的

联系。目前，我国大部分高校体育教学研究者将高校体育教学系统分为教师、学生与教材三个部分。

体育教师是高校体育教学过程中的主导者与规划者，教师的个人能力与素养不仅会影响到高校体育教学的开展，还会影响到教育成效的高低。体育教师的基本要素包括自身的专业知识、教学管理能力、技能水平、个性品质等。对于体育教师而言，必须要加强自身的专业能力、职业素养、授课能力等，以便于更好地开展高校体育教学活动。

学生是高校体育教学过程中的主体，是开展高校体育教学活动不可或缺的角色。学校是培育人才的场所，因此高校体育教学过程也是发展学生的体育锻炼知识与技能、提高学生认知水平的过程。对于学生而言，必须要严格按照教师制定的教学计划，从而促进自身各方面发展。

教材在高校体育教学过程中具体表现为教学目标、教学内容、教学大纲等。

在高校体育教学过程中，体育教师、学生和教材三者之间是相互协调发展的，无论缺少哪一要素，都不利于高校体育教学活动的开展。同时，教师、学生、教材也构成了三组矛盾，即学生与教师之间的矛盾、学生与教材之间的矛盾以及教师与教材之间的矛盾。在这三者中，教师的从业时间较长、专业知识过硬、研究与分析的能力较强，因此教师应当作为教学过程中的主导者，从而确保高校体育教学活动能够顺利开展。

（二）高校体育教学过程的规律

受传统教育思想的影响，我国大多数高校体育教师对高校体育教学过程的规律存在一定的误解，从而影响新时期高校体育教学活动的开展。因此，高校体育教师首先要做的是正确认识规律，并将其运用于高校体育教学活动之中。现阶段，我国体育教学研究学者在分析与研究的过程中发现，高校体育教学过程的规律可以分为一般规律和特殊规律两个部分。

体育作为学校教育的重要组成部分，与其他学科的教学存在一定的相似之处与差异，因此与其他学科教学过程的规律也存在一定的共性与个性。为了更好地开展高校体育教学活动，体育教师应当充分利用体育教学规律的个性，制定出相应的教学目标与教学方案。从整体上来看，高校体育教学规律的个性主要包含以下四个方面。

1. 认识规律

人对事物的认知经历了从陌生到熟悉的过程，这种过程具有一定的规律性，具体表现为人对生活各方面内容的认知，也体现在高校体育教学中的各个方面。同时，高校体育教学过程的方法论建立在辩证唯物主义认识论的基础之上，要求体育教师先要具备良好认识论，然后再根据实际情况开展教学实践活动。人对事物的认知过程是通过最初的直观现象的反馈，再将这些信息进行串联，从而上升到对该事物规律性的深层认知，即理性认识。换言之，人对事物的认知过程表现为从现象到本质、从简单到复杂的过程，其顺序能够被人们掌握。

实际上，人们对事物的认知过程与学生在体育教学活动中的学习过程是一致的。在高校体育教学活动中，学生对体育运动技能的学习是从简单到复杂、从生疏到熟练的过程。因此，体育教师应当充分了解学生的认识规律，并将学生的思考、反馈与实践三者相联系，从而制定相应的体育教学计划。在实际学习的过程中，学生可以通过观察的方式直观地大致了解体育运动技能与动作，然后通过思考与总结，找到最适合的方式来完成动作。对于学生而言，他们如果无法在短时间内学会某个体育运动技能或动作，会通过不断的练习，从而使自己更加熟悉整个体育运动技能或动作，直至完全学会。

随着时代的发展，关于学生认识规律的研究越来越深入，其涉及的领域也越来越广泛，如心理学、教育学等。前苏联心理学家列昂节夫认为认识是在儿童的内部和外部活动中发展出来的，瑞士心理学家皮亚杰通过对认识在个体发展中的规律研究，认为意识是一种充分发挥主观能动性的活动，是一种主动性的、较为积极的构建活动。他认为人的主观能动性会对认识的发展产生积极的影响。而现代认知心理学家认为学生的认知水平与他所处的发展阶段有关，当他处于初级的发展阶段时，他的认知水平较低；当他处于高级的发展阶段时，他的认知水平较高。在学生认知水平的研究过程中，研究学者应用了信息加工的观点，对教学过程进行分析与整理，从而将学生学习知识的过程分为输入、转换、简化、加工、储存和适用等多个阶段。

教学过程实质上是主体与客体相互作用、客体内不断地转换加工的过程，在这个过程中教师与学生都能够充分发挥自身的主观能动性。在高校体育教学过程中，如果教师能够认识到学生的认知规律，就能够针对性地开展体育教学活动，将认知规律应用到教学活动之中，从而使学生能够更好地接受体育教学的过程。

2. 运动技能的形成规律

高校体育教学与其他学科的教学活动不同，它不仅要求学生掌握一定的体育锻炼知识，还要求学生掌握具体的体育运动技能与动作。其中，运动技能的形成规律主要包括三个阶段，分别是粗略掌握动作阶段、改进与提高动作阶段以及动作巩固与运用自如阶段。

（1）粗略掌握动作阶段

在粗略掌握动作阶段中，学生由于与动作接触的时间较短，大脑还未形成严密的动作体系，导致条件反射不够稳定。此时，大脑皮层的兴奋度还不够高，使学生无法对体育运动技能做出反应。在这个阶段中，体育教师应明确学生在这个阶段中对动作的掌握程度，从而制定相应的学习任务。首先，教师在学生面前进行规范性的演示与指导，从而使学生能够从整体把握体育运动技能的动作；然后，学生练习教师所传授的动作，教师则纠正学生错误的动作，从而使学生能够建立正确的动作认知。对于学生而言，教师的动作较为规范，因此学生能够根据教师的指导来调整自身的错误动作，从而适应更深层次的学习。在粗略掌握动作阶段，学生要反复不断地对某个动作或某些动作进行练习，从而形成条件反射。

教师在这一阶段中应发挥自身的主导作用，向学生传授相关的理论知识，使学生简单了解动作的流程，而不是要求学生立马掌握整套动作。由于理论教学具有一定的抽象性，因此学生在练习的过程中容易出现动作不流畅、不规范、不美观等现象，这时教师要为学生示范正确的动作，使学生能够及时改正错误的动作，并产生深刻的印象，从而更好地进行下一阶段的学习。

（2）改进与提高动作阶段

在改进与提高动作阶段中，学生通过不断练习动作，自身的神经系统已经能够对下一个动作及时做出反应，从而形成较为连贯的动作。这意味着学生在这个阶段大致已经形成了对该动作的条件反射，虽然可能会出现一些错误的动作，但大致已经在朝着规范动作的方向转变，并进一步形成运动过程的动力。

学生经过一段时间的动作练习与改进后，对动作的理解和完成上有了很大的进展，能够相对独立、连贯地完成一系列动作，但是还不能完全独立地完成一整套动作。在适应外部环境的过程中，学生由于受外部多方面因素的影响，在展示动作时会出现新的失误，并且重复之前存在的问题，这种情况会在学生重复练习动作的过程中得到改善。与粗略掌握动作阶段相比，现在学生对动作的理解更加深入，能够发现自身存在的问题，纠正自身之前存在的简单失误。

教师在这一阶段中应对学生的动作完成特点进行分析与研究，从而明确这一阶段中主要教学目标和教学内容。学生在这一阶段中已经大致掌握了动作，并且能够对自身的动作进行反思，并纠正自身的多余动作与错误动作，从而思考如何进一步加强动作之间的连贯性。另外，学生能够通过反复练习的方式，将自身的动作向规范方向发展并定型。在改进与提高动作阶段的教学过程中，教师要发挥自身的引导作用，引导学生思考各动作之间的联系，从而更加规范地练习；还要引导学生反复进行训练，在确保动作规范性情况下，适当调整一些动作，使动作更加具有美观性。

(3) 动作的巩固与运用自如阶段

在动作的巩固与运用自如阶段中，学生对相关动作的理解较为深入，并且对这些动作有自己独到的见解，因此能够灵活自如地完成连贯的动作。在这个阶段中，学生大脑皮层的兴奋度较高且内抑制牢固，能够形成牢固的动力定型，从而使学生能够达到自动化的程度。如果学生能够持续不断地练习动作和反复琢磨动作中的细节，那么他将会对动作更加熟练、更加规范，并且动作的连贯性也会更强，从而达到更高的自动化程度。

对于学生而言，他们对不同情境的适应能力不同，如果没有对某些情境进行针对性的练习，那么原来已经建立的动力定性将会慢慢消退。因此，在动作的巩固与运用自如阶段，学生应针对不同的情境进行训练，使学生能够从容地面对复杂的情境，从而灵活自如地完成连贯性动作。

3. 人体生理机能活动能力变化的规律

人体器官系统的功能会直接影响到人的机体活动能力。因此在高校体育教学活动中，教师应重视学生生理机能活动能力的变化，具有针对性地开展教学实践活动。通常情况下，学生生理机能活动能力的发展分为三个阶段，分别是逐步上升阶段、稳定阶段以及下降阶段，并且这三个阶段的转变有一定的规律可循。

在高校体育教学活动中，学生生理机能活动能力变化的规律表现为从逐步上升到相对稳定再到下降的过程。其中学生生理机能活动能力的逐步上升阶段指的是在运动的开始阶段，学生的生理机能活动能力较弱，从而无法对一些动作及时地做出反应，因此呈现出缓慢上升的趋势。当学生不断增加运动量，并且自身能够适应更高强度与水平的动作时，他的生理机能活动能力趋于稳定，这时就进入相对稳定阶段。当运动量过大时，学生逐渐无法适应这一运动强度，从而使自身的生理活动能力开始下降，这时就进行到了下降阶段。

根据相关研究显示，影响学生体育能力发展的因素较多，包括学生的体质、身心发展阶段、教学设施情况等。另外，由于学生个体的差异较大，从而导致学生的机体活动能力演变过程的各个阶段也有所不同。从学生的身心发展阶段来看，在学生的不同年龄阶段，他们的生理机能活动能力不同。例如，在小学阶段，学生对运动动作的适应能力较强，因此他们能够较快地进入到上升阶段，但持续时间较短。换言之，小学阶段的学生对体育运动的兴趣来得快也去得快。而在中学阶段和大学阶段，学生的生理机能活动能力较为稳定，并伴随着年龄的增长与训练强度的不断增加，学生的生理机能会不断地向最优化方向发展。另外，由于教材内容的不同，学生的训练强度与训练方向也不同，从而导致学生在各个阶段中所耗费的时间和持续时间不同

在高校体育教学过程中，教师应充分了解与运用学生生理机能活动规律，针对学生所处的不同阶段来设计不同的教学方案，以便于更好地达到学生最优化目标。教师还要考虑到学生的实际情况，从而使运动训练能够符合学生的实际需求。

4. 动作技能迁移的规律

这里的迁移指的是学生在学习动作时，会受到以往学习动作时相似的心理要素与环境要素的影响。通常情况下，过去的动作技能会对新技能的学习产生积极影响和消极影响，其中积极影响表现为促进新技能的学习，也被称为正迁移；而消极影响表现为阻碍新技能的学习，也被称为负迁移。迁移现象在高校体育教学中普遍存在，如果教师能够合理运用迁移规律，那么将有助于学生对运动技能的学习。

在新知识、技能的形成过程中，学生能够通过回忆过去的知识与技能，将过去的学习经验运用于新知识、技能的学习，从而影响新知识、技能的形成。另外，在迁移过程中，学生能够对过去的知识、技能进行检验，从而对过去的知识、技能加以巩固。例如，体育课程的教学内容是学习跳鞍马技术，而之前学生已经学习了急速跳远技术，因此体育教师会先安排学生复习急速跳远技术，然后再

学习跳鞍马技术。但是急速跳远技术与跳鞍马技术在技巧运用方面存在一定的差异，从而干扰学生学习跳鞍马技术，这便是负迁移的消极影响。一般影响迁移产生的因素包括环境条件的相似程度、动作思路的了解程度等。

（1）环境条件的相似程度。在体育教学过程中，由于学生长期处于同一学习环境，因此会受到学习环境带来的影响，从而形成“定势”。当学生处于相似的学习环境时，这种“定势”会再次作用于学生身上，从而再次产生迁移现象。

（2）动作思路的了解程度。在体育教学过程中，体育教师对运动概念讲解得越详细，学生就能够更好地理解运动概念；对运动动作的分解越详细，学生就能够更好地理解运动动作的意义，从而减少负迁移对学生造成的消极影响。另外，还能够将新动作技能与老动作技能融会贯通，从而加深学生对新动作技能的理解。

（3）在体育教学过程中，除了环境条件的相似程度、动作思路的了解程度之外，还有教师对动作技能学习的指导、学生在生理、心理方面的变化、学生的个人能力等会影响迁移的发生和迁移的方向。

综上所述，体育教师必须要重视迁移的作用，在高校体育教学过程中充分利用正迁移的积极影响，并同时减少负迁移的消极影响，做到对学生实际情况进行分析，以便于更好地开展运动训练。

二、高校体育教学过程的动态分析

高校体育教学过程是动态发展且具有延展性的实践过程，在时间上表现为不同的教学阶段，在空间上表现为一个整体的教学体系，是一个不断发展的过程，同时也是教师教学活动与学生学习活动之间相互作用的结果。在研究高校体育教学过程时，可以根据学生身心发展的不同阶段对教学过程进行动态分析，并根据体育教学的阶段性和教学过程的有序性将高校体育教学过程分为三个阶段，分别为教学准备阶段、教学实施阶段和教学反思阶段。

（一）教学准备阶段

在高校体育教学过程中，教学准备阶段是最初阶段，是为开展教学做好准备工作的阶段。开始阶段的工作内容包括熟悉教学目标、教学内容、教学方法与手段等。在这一阶段中，教师要根据学生的实际情况制定相应的教学计划和教学方案，并将其应用于教学工作之中。

教学准备阶段对整个教学活动的开展具有重要的影响作用，因此体育教师必须要重视教学准备阶段。首先，体育教师应充分了解每个学生的身心发展情况，明确每个学生身体上的优势与劣势，然后根据他们的实际情况安排针对性的运动训练，扩大学生身体上的优势和改善学生身体上的劣势。在实际教学过程中，体育教师可以通过了解学生的学习态度、运动技能掌握情况以及身心素质水平，从而明确自身的教学目的，使体育教学活动具有更强的针对性，并且提高教学活动的效率。另外，学生在教学准备阶段也要做好准备工作，熟悉自身的身心发展情况，减少自身的学习压力，以便于更好地适应体育教学活动的开展。因此，教师与学生都要在教学准备阶段做好准备工作，从而为后续的体育教学活动提供方向与动力。

（二）教学实施阶段

在高校体育教学过程中，教学实施阶段是展开阶段，同时也是整个教学过程的核心部分。教学实施阶段是教师、学生、教材共同作用的一个教学阶段，是实现教师教学活动与学生学习活动双向互动的重要阶段，并且具有一定的复杂性。为了更好地开展体育教学活动，我们一般将教学实施阶段分为四项活动，分别为感知、理解、巩固、运用。

感知指的是教师通过对课程中的知识与动作进行详细的讲解与示范，从而使学生对陌生的事物进行定义，并形成较为准确的认识。在直观感知上升到概括的过程中，学生可以通过直接感知与间接感知的方式对事物产生新的感受。

理解又被称为更深层次的感知，指的是学生对理论性知识反复进行思考与总结并形成新感知的过程。为了使学生对某些知识与动作的理解更加透彻，教师还要对学生的实践进行指导与纠正，并要求学生在科学的指导下不断地进行练习。长此以往，学生不仅能够掌握动作的结构及其原理，还能够掌握其中的本质规律。

巩固指的是学生对体育知识与动作形成了更加深刻的认识，并且能够熟练地掌握体育技能。这要求学生加强对体育教学的感知与理解，并在教师的科学指导下持续不断地进行练习。

运用指的是学生将所学的体育知识与技能运用于具体实践的过程。对于学生而言，学习的最终目的就是实践，实践能够帮助学生更好地掌握知识，从而使学生在面对复杂的问题时能够灵活运用所学知识去解决问题。在实践的过程中，学生解决问题的能力与面对问题的心态得到了改善，从而更好地实现知识向能力的转化。

感知、理解、巩固、运用四个活动之间存在密切的联系，不仅是教学实施阶段的主要活动，也是教师与学生双向互动中的重要活动。在教师的指导下，学生对陌生的知识与技能先进行感知与理解，了解大致情况，然后再对这些知识与技能进行巩固，加深知识与技能的理解与掌握，最终将这些知识与技能运用于具体的实践之中。体育教师在这个阶段中主要发挥指导作用，解决学生在教学实施阶段中存在的问题。因此，在教学实施阶段需要教师与学生共同作用，即教师做好教学工作、学生做好学习工作，从而使体育教学活动更加顺利地开展。

（三）教学反思阶段

在高校体育教学过程中，教学反思是最终阶段，是对整个教学过程进行总结与反思的阶段。教学反思阶段主要分为整理部分与检查部分，因此教师不仅要对学生成绩方面的问题进行整理，还要检查教学过程中存在问题的部分，然后对这些问题进行纠正与完善，从而为未来的教与学提供更好的解决方案。对于学生而言，他们在教学反思阶段中要对自身的学习情况进行评价与总结，从而发现并及时纠正自身在学习过程中存在的问题；对于教师而言，他们需要在教学反思阶段充分了解学生对新知识与技能的掌握程度，从而了解自身的教学效果与教学目标的完成情况，以便于发现自己在教学过程中存在的问题，并及时调整教学方案，为未来的体育教学活动做好充分的准备。评价反思活动贯穿整个教学过程的始终，对体育教学活动具有重要意义。从整体上来看，评价反思活动能够反映教师的教学能力与学生的学习能力，从而帮助教师与学生进入到最佳教学状态与学习状态。同时，教师和学生都能够从反思的过程中发现并纠正自身存在的问题，从而为未来的教学活动和学习活动做好铺垫。因此，教师与学生都要重视评价反思活动，充分发挥评价反思的作用，从而反作用于教师的教学活动与学生的学习活动。

综上所述，高校体育教学过程的各个阶段都具有不同的特点，因此在实际教学过程中，教师应根据教学目标、教材内容、教学设施以及学生的实际情况等因素来安排教学活动，以便于实现教学效果最大化。

三、高校教学过程中教师与学生的相互关系

（一）体育教师的主导作用

1. 有的放矢

教师作为课堂中的主导者，在开展教学活动之前应当明确学生个人情况，如学生的个人身体素质、体育锻炼知识的掌握程度等，然后再根据学生的实际情况进行备课。在明确学生的实际情况之后，教师才能发现每个学生的优势与劣势，并针对性地安排课程内容。同时，教师还要对教材进行深入研究，正确处理教材内容，使学生能够明确教材的难易点，并相应地投入时间与精力。值得注意的是，教师的主导作用与学生的主观能动性并不冲突，教师要重视学生的想法，营造开放、轻松的课堂氛围，从而激发学生的学习积极性。

2. 善用“启发式”

启发指的是通过开导指点、阐明事例的方式，促进他人思考与领悟。教师是学生学习体育锻炼知识的重要来源，因此教师必须要

重视教学方式的选择。在过去的高校体育教学活动中，教师主要采用的是灌输式教学方法，这种教学方法片面强调教师的作用，忽视了学生的主观能动性，因此教学效果较差。在现阶段高校体育教学活动中，体育教师应引导学生发挥主观能动性，使学生能够积极地参与课堂教学活动。“启发式”教学与传统教学方法不同，要求教师根据学生的实际情况来制定教学方案，通过提问、启发、类比等方式来开展教学活动，从而激发学生的求知欲，积极主动地学习。另外，教师注意课堂节奏的把握，充分发挥教师的主导作用和学生的主体作用。

3. 提高体育教师的表达能力

一直以来，人们对于体育存在误解，认为体育课程重在实践。事实上，体育课程同样重视理论的表达，并且要求体育教师能够结合教学内容向学生阐述相关理论。对于体育教师而言，良好的表达能力十分重要，生动、形象的语言使学生的理解更加深刻。在高校体育教学过程中，教师的语速不宜过快，要使学生能够明确教学内容；教师的语言要通俗、易懂，要使学生能够理解教学内容；教学内容要有侧重点等。体育教师表达能力的培养是一个长期的过程，教学实践时间越长，其表达能力越强。

（二）体育课中的学生的主体作用

1. 充分相信学生，增强其主体观念，发挥其主观能动性

在高校体育教学过程中，教师要重视学生在课堂中的主体作用，使学生明确学习的意义，引导学生对教学内容进行思考，从而发挥学生的主观能动性。教师要明确学生心理、生理需求，有针对性地开展教学活动，使学生能够发挥自身的创造性，从而对教学内容产生独到的见解。另外，教师要对学生创造性学习给予科学评价，从而激发学生主动学习的积极性。

2. 建立和发挥以学生为主体作用的组织

通常情况下，主要由体育教师在体育课程中组织学生开展实践活动，这种单向性组织方式严重忽略了学生的感受，从而导致收效

甚微。在高校体育教学过程中，教师要尊重学生的想法，充分发挥学生的想象力与创造力，建立以学生为主体的组织，从而使学生能够开展符合自身需求的实践活动，以便于开展体育教学活动。

3. 更好地发挥学生主体作用，提供活动条件

实践有助于学生学习活动的展开，能够更好地提升学生的学习能力。因此，在高校体育教学过程中，教师应尽可能地满足学生的体育锻炼需求，为学生提供相应的体育器材和活动场所，如组织学生观摩大型的体育赛事、积极开展休闲娱乐型比赛、提供各种各样的体育器材等，从而使学生能够对体育课程产生浓厚的兴趣，积极主动地参与到体育教学活动之中。

（三）主导与主体的辩证关系不够明确

在高校体育教学过程中，体育教师必须要明确自身的主导作用和学生的主体性，并以此为依据提高体育教学质量和教学效果。对于体育教学而言，理解教师主导与学生主体的辩证关系，并掌握相应教学方法和教学规律，有助于顺利地开展高校体育教学活动。

教师在课堂中的主导作用更多的是强调教师的指导作用与控制作用，而不是指强迫的主宰、强硬的训导，同时教师在课堂中要严格按照教学要求和教学计划来进行教学活动，而不是无目的、随意地进行教学活动。学生在课堂中的主体作用更多的是指教学要根据学生的发展需求来制定教学方案，而不是指放纵学生，同时学生应严格遵守课堂纪律，根据教师的指导来进行学习。在现阶段的体育教学活动中，学生的主体作用与教师的主导作用都十分重要，只有做好学生主体性与教师主导作用的结合，才能确保教学目标的实现和取得良好的教学效果。

在高校体育教学过程中，教师的主导作用与学生的主体作用是相互影响、密不可分的。要发挥学生的主体作用，首先要明确教学大纲的安排与培养目标，并借助教师的指导、示范、总结等来表现出来。要发挥教师的主导作用，先要加强学生对课程的认同感，使学生能够积极主动地参与到体育课程当中。在实际教学过程中，体

育教师必须要充分认识到自身的主导作用和学生的主体作用。

第三节　高校体育教学过程的优化路径与改革走向

一、高校体育教学过程的优化

对于体育教师而言，要提高体育课程的教学效果，先要充分掌握相关的理论知识，并在实践的过程中不断完善。随着时代的变迁，人们对体育教学提出了更高的要求，因此高校体育教学应适应社会发展、经济发展的需求，制定更完善、更先进的教学目标，明确高校体育教学过程中应进行的改革与优化。这里的优化是建立在体育教师在遵循客观规律和对教学现状分析的基础上，以发展的眼光对体育教学进行前瞻性分析，严格按照教学目标的要求对教学过程中各个要素进行调整，并采用最符合学生发展需求的教学手段，从而形成最优化的教学方案，以便于取得理想的教学成效。高校体育教学的优化过程包括以下四个阶段的优化，分别是教学前准备阶段的优化、教学实施阶段的优化、检查与评价阶段的优化、教学过程的最优化。

（一）教学前准备阶段的优化

1. 深入调查研究，充分掌握学生的情况

学生作为高校体育教学活动中的主体，教师应先充分了解学生的个人情况，包括学生的身体素质水平、心理素质水平、体育锻炼方法的掌握程度等，然后才能根据学生之间存在的差异来选择相应的教学方法与制定相应的教学方案。另外，高校体育教师还要明确学校的教学设施情况、教学器材种类与数量、教材的难易点等，这些对教学活动的顺利展开具有重要的影响作用。

2. 深入了解教材，钻研教材教法

在高校体育教学活动中，教师要开展教学活动，必须要先做好课程安排的工作，因此就必须要重视教材的作用。为了使教师的教学内容更有深度，教师应做好教材的研究工作，可以通过自己的思考、向他人学习、相关资料的研究等方式对教材进行研究，从而形成具有特色的教学备课。其中，自己的思考指的是教师通过对动作技术的反复思考，并结合教学规律发现教材中的重点和难点，标注自己的处理方式；向他人学习指的是在备课的过程中，还学会吸收他人的优秀教学经验，将他人的优秀教学经验与自己的观点相结合，从而形成新的观点；相关资料的研究指的是教师将备课的过程中发现的问题进行归纳与总结，然后通过查找资料的方式来发现解决问题的途径，这样做不仅能够充分掌握教材内容与研究资料，还有助于形成科学的教学思想。对于体育教师而言，个人的力量是有限的，应当充分利用身边的教学资源，集中力量去解决问题，从而更好地开展体育教学活动。

3. 制订好教学进度

通常情况下，为了更好地实现教学目标，高校体育教师会制定相应的教学进度，从而保证教学目标能够在规定时间内完成。教师一般会在教学前的准备阶段制定教学进度，先要充分了解学生的学习能力与教材大致内容，然后再将教学活动划分为多个部分，并安排相应的教学时间。教学时间的安排主要是以纸质文件的形式出现，根据体育教材内容的实际情况科学安排总课时、周课时，并在各个阶段完成之后进行相应的考核。高校体育教材内容的难易程度不同，因此教师应进行科学的取舍，合理地安排教学进程，根据实际情况对不同课程提出不同要求，如难度较大的课程内容就安排较多的教学课时，而难度较小的课程内容就安排较少的教学课时。

（二）教学实施阶段的优化

1. 明确体育教学目标

教学目标是开展教学活动必不可少的部分，如果没有教学目标，教学活动就无从开展。在我国高校人才培养计划中，明确地规定要实现大学生德、智、体、美、劳全面发展，而体育是其中的重要组成部分，因此教师必须要引起足够的重视。随着我国社会的不断发展，高校体育教学也在深化与改革，以便培养出适应社会发展的高素质体育人才。从整体上看，高校体育教学的目标不应该局限于发展简单的体育活动，还应包含加强学生的体育理论学习、加强学生的体育锻炼技能学习以及促进学生身心各方面的发展。因此，新时期的高校体育教学活动应着重培养学生的综合能力和学生的个性化发展，并使学生逐渐树立终身体育的观念。

2. 教学内容的优化

在高校体育教学活动中，教学内容的安排对整个活动的开展具有重要意义。目前，高校体育教学的内容主要为非专业、非竞技的体育运动项目，这些运动项目不仅能够提高学生身体素质水平，还能够培养学生体育精神和加强体育文化的学习。教师在选择教学内容时，应充分考虑学生的整体体质情况和心理发展情况，使每个学生能够充分享受体育运动带来的乐趣，从而更好地实现教学目标。另外，还要培养学生体育锻炼的意识，使学生不仅能够在体育课程中进行体育健身锻炼，还能够在课余时间或校外进行体育健身锻炼，从而形成终身受用的技能。

除了非竞技性体育运动之外，体育教师还要重视竞技体育的发展。为了更好地达成高校体育教学目标，体育教师可以将竞技体育的内容运用于非竞技体育为主的体育教学活动之中，这样不仅能够保证教学目标的实现，还能够增加体育教学活动的挑战性，从而激发学生的竞争意识，使学生积极主动地参与到体育教学活动中来。同时，体育教师还可以在体育教学活动中加入生活元素，使高校体育教学活动逐渐向生活化方向发展。在多样化的体育教学活动中，学生锻炼身体的需求和心理发展的需求得到了极大的满足，并逐渐养成终身锻炼习惯。

3. 优化教学方法、手段

教学的方法、手段对教学活动的形式具有重要的影响作用，高校体育教师可以通过选择科学、合理的教学方法与手段来达成教学目标，提高校体育教学活动的质量以及教学成效。正是因为教学方法、手段具有重要意义，所以必须要加强教学方法、手段的优化工作。在优化教学方法、手段的过程中，高校体育教师要合理利用传统体育教学中的优秀教学方法、手段，并在此基础上发展新的教学方法，还要体现教师的主导作用和学生主体作用，实现理论与教学实践相结合，从而更好地完成教学目标。值得注意的是，教学方法、手段的优化必须要符合教学大纲、教材内容安排。

（三）检查与评价阶段的优化

随着高校体育教学的改革与优化工作的开展，高校体育教学的评价体系也应不断完善。在高校体育教学的检查与评价阶段中，体育教师、学生、学校等多个方面都要进行测评，然后根据教师测评的结果纠正教学活动中存在的问题，以确保检查与评价工作落到实处。在传统的体育教学活动中，学校和教师是评价工作的主导者，而学生是评价工作的主体，在这种评价思想的影响下，学生只能作为评价的受体，无法对学校与教师进行评价，导致学生无法反映“应试教育”的弊端，只能被动地接受学校与教师的指导。长此以往，这种教学评价与检查方式无法充分调动学生的学习积极性和不利于培养学生的综合素质，从而阻碍教学目标的实现。因此，在新时期的高校体育教学活动中，教师应尊重学生的评价，并根据学生对教学工作的评价不断完善教学工作，以便于调动学生的学习积极性，从而更好地开展体育教学活动。对于学生而言，他们的评价工作具体表现为自评与他评两种形式，其中自评指的是学生根据相关评价要求对自身的学习活动进行评价，而他评指的是其他同学或教师的评价对自己的评价，这就要求学生综合自评与他评的结果，发现自身存在不足并及时改正，使自身得到不断的优化，并逐渐养成终身学习的习惯，从而更好地适应社会发展。

（四）教学过程最优化

1. 合理制订教学目标，具体分配教学任务

从整体上看，教学前准备阶段的优化、教学实施阶段的优化、检查与评价阶段的优化都是教学过程优化的重要基础，在完成一系

列的优化工作之后，还要根据教学目标的最终要求，实现教学过程最优化。在高校人才培养总目标的指导下，教师应当做好教学目标的制定工作与阶段目标的划分工作，以便于向教学过程最优化方向发展。最优化理念指的是教师在规定的时间、空间以及设施资源等条件下，充分考虑教学过程中各个要素并对其进行科学合理的规划，以便于实现教学目标、提高教学质量和教学成效，从而促进学生身心各方面协调发展。实际上，教学过程中的最优化状态更多地表现为教师教学活动的理想状态，其主要的作用在于为教师提供奋斗的方向与动力，因此教师在安排教学过程时要尽量朝最优化方向发展，以便于更好地实现教学目标。教学过程的安排主要包括教学目标的制定和教学任务的分配，因此我们从这两个方面着手，研究教学过程向最优化状态发展的方法与途径。

（1）教学目标的制订

在开展高校体育教学活动之前，教师一般都会先制定教学目标，从而更好地达成培养目的。教学目标的制定与教学过程中各个阶段、各个环节都具有密切的联系，制定了教学目标就能够更好地指导教师开展教学活动。因此教师应综合考虑各个方面的因素，根据实际情况制定相应的教学目标，然后再根据教学目标对教学内容进行分配。

通常情况下，高校体育教学的教学目标是提高学生对体育锻炼知识的认知水平、增强学生的体质、促进身心健康发展，从而养成长期坚持锻炼的习惯。这意味着在开展高校体育教学活动时，教师应充分发挥自身在课堂的主导作用，学生应充分发挥自身在课堂的主体作用，并采用科学合理的教学方法来达成教学目标。因此，教师在制定教学目标时，应先充分了解现代“素质教育”的内容和要求，从体育教学新的历史高度着手，摆脱传统思维模式的桎梏，从整体着手，预设体育课程的阶段目标与总目标，而不是局限于某个阶段或某个环节；其次，教师应充分了解学校体育教学资源、教材具体内容、学生的实际情况，并将学生置于首位，使学生的身心得到协调发展；再次，教师在制定教学目标时应留给自己和学生一些自由发挥的空间，使教师与学生能够充分发挥自身的主观能动性，从而推动体育教学活动的开展，以便于更好地实现教学目标。另外，教师还要充分利用体育教学活动中的空闲时间来适应学生的个体差异性、教学过程的动态发展，从而及时地调整教学方案。

（2）在实施中的完善和生成

现阶段的高校体育教学过程是一个多向互动的过程，其中包括教师与学生之间的互动、学生与学生之间的互动。而在传统的体育教学过程中只存在单向互动，即教师与学生之间的互动，这种互动方式能够在短时间内向学生集中地输送大量相关的知识，并根据学生的问题反馈来完成动作示范和教学内容调整，但却无法充分调动学生的学习积极性，从而使学生只能被动地接受知识。因此在新的高校体育教学活动中要充分发挥学生的积极性，增加学生与学生之间的互动，使他们能够在激烈的辩论中发现自身存在的问题，然后再不断进行改善与进步。在制定高校体育教学目标时，应注重教学目标的动态性，使教师能够在与学生互动的过程中对教学目标进行调整。同时，教师应明确教学目标的作用与性质，在开展教学活动的过程中完善和发展教学目标，而不是被预设的教学目标所限制。这意味着高校体育教师要学会变通，在不偏离既定目标的基础上增加或删减一些教学步骤，从而更加符合学生发展的需求，更顺利地达成教学目标。

（3）目标任务的分配

在预设教学目标时，教师必须要重视教学过程中的其他要素，如教学对象、教学条件、教学中某一行为的产生原因、经过和结果等，从而能够根据各个要素的重要程度来合理安排教学过程，以便于向最优化状态发展。通常情况下，高校体育教师一开始设定的教学目标大多都存在缺陷，如“学习体育精神”“总结运动规律”等教学目标，这种教学目标的安排并不严谨，“体育精神”“运动规律”包括的内容较多，而仅凭高校体育课程教学并不能完全体现体育精神和运动规律。如果教学目标都不够严谨合理，那么教学内容的安排也会出现不严谨、不合理的情况，从而难以保证体育课程教学的质量与成效。因此，教师在设定教学目标时应使用确定性、特定性的术语来保证目标内容的确定性，从而使教师能够更加明确地开展教学活动。

2. 以合理的教学形式和方法来实现目标

在确定教学目标之后，教师就要运用一定的教学形式和手段进行教学，其中科学、合理的教学形式和手段能够更好地实现教学目标、保证教学活动的质量。因此，高校体育教学形式的优化指的是教师在充分了解教材内容、教学环境以及学生实际情况的基础上所选择的最科学、合理的教学形式和手段。

（1）把握教学程序、方法、内容与目标之间的内在关系

在选择教学形式和手段之前，我们应先把握教学程序、方法、内容与目标之间的关系。高校体育教学与其他学科的教学活动不同，前者更加重视实践，因此高校体育教学的教学过程是围绕实践为中心展开的。为了使学生能够充分了解体育运动动作和相关技能，体育教师应先对动作技能进行详细的阐述与示范，然后学生在教师的指导下，不断重复地进行实践，并在实践的过程中发现并纠正自身存在的问题，再进行实践。在这个过程中，学生通过不断实践的方式使自身更加熟练地运用相关的动作技能。同时，教师应加强与学生之间的互动，可以在学生遇到问题时提供一定的帮助，从而使学生能够积极主动地参与到体育课程之中，而学生也可以对教师的教学方法提出质疑，为教师的研究工作提供新的思路，从而更好地完成教学目标的要求。

其次，教师应明确教学方法与教学目标之间的联系。随着我国基础课程教育改革的不断推进，高校体育教师应适应新时代体育教学的要求，及时转变自身的教学观念。在过去的高校体育教学过程中，教师是以强硬的方式迫使学生参与体育教学活动，这种教学方法没有尊重学生的个人需求，因此教学成效较差。在新时期的高校

体育教学活动中，教师应尊重学生在课堂中的主体性，通过引导的方式指导学生完成教学任务，使课堂逐渐从教师的授课过程转变为学生的学习过程。最后，教师应明确教学内容与教学目标之间的联系，教学内容的安排是在教学目标的指导下进行的，教学内容的安排会影响到教学目标的实现。体育教师在安排教学内容时，不能被教材所规定的内容所束缚，应充分考虑学生的学习能力、自身的教学能力、教学环境等多个方面的因素，从而灵活地安排教学内容。如果将高校体育教学活动视为表演，那么学生就是表演中的主角，教材、教学场所、体育器材等都是在表演中要用到的道具，而教师则是扮演导演、编导、角色等多重身份，在每场表演结束后，教师和学生都会获得一定的感悟，并将这些感悟运用于下一场表演之中。

（2）增强师生互动，在高校体育教学过程中采取丰富多彩的合作教学方式

一个高效的课堂教学离不开学生与教师之间的良性互动。对于教师而言，经常与学生进行互动能够有效地传授知识与技能，指导学生完成教学实践，并及时发现自己在教学活动中存在的问题。对于学生而言，经常与教师进行互动能够充分调动自身的主观能力性和提高自身的表达能力与思辨能力，从而更好地理解与掌握知识。同时，还能够为教师提供新的解决问题的途径和营造轻松、活跃的课堂氛围。在良好的师生互动过程中，教师与学生都能够深化和扩展自身的知识结构，使学生能够更加熟练地掌握体育动作与技能，使教师能够不断完善自身教学方法，从而更好地实现教学目标。

二、高校体育教学过程的改革

在高校体育课程改革中，高校体育教学过程的改革与创新具有重要意义，不仅有利于达成人才培养目标，还能够实现高校体育教学的研究工作与具体教学实践相结合，从而达成教学目标。

（一）提高体育教师队伍的素质

随着经济全球化的不断推进、信息技术的不断发展，社会对具

有综合能力的高素质人才的需求越来越高，因此教师应当及时更新自身的知识与技能，提高自身的教学能力，从而为人才培养工作贡献自己的力量。体育是学校教育中的重要组成部分，人们必须要重视体育，而高校体育教师不仅是高校体育教学活动的主导者，也是高素质体育人才的培养者，对提高体育教学目标和教学成效具有重要的意义，因此高等院校必须要投入大量的人力、物力、财力来加强师资力量的建设，从而提高教师队伍的综合素质。另外，社会各部门也应该尊重教师这一职业，为教师队伍的建设做出一定的贡献，从而促进高素质师资队伍的建设。

从国家层面来看，高素质的师资队伍能够培养一批高素质的人才，从而推动社会主义建设，因此国家应为教师队伍的建设提供一定的政策支持，保证教师培养工作能够真正地落实。同时，教育部门应积极举办关于教师培养相关的讲座，为教师提供规范的知识与技能学习。

从学校层面来看，为了加强师资队伍的建设，应做好以下两方面的工作：其一，提高教师的综合素质，高校体育教师是高校体育教学活动的组织者与参与者，不仅要为学生传授大量的体育锻炼知识和指导学生进行实践，还要营造轻松、自由的课堂氛围，从而使学生能够充分发挥自身的主观能动性。提高教师的综合素质可以一定程度上保证课堂的教学质量，还可以促进学生积极主动地参与到课堂之中；其二，高校体育教师专业知识与学术研究齐头并进，体育教师的科研成果远不及其他学科，因此学校应为体育教师提供更多的科研机会，提高体育教师的学术水平，并将科研成果运用于教学实践过程之中。而体育教师也要加强对体育运动规律的研究与分析，从而提高自身的职业素养、加强对自身专业知识与技能的掌握。

（二）构建新的教材体系

教材是教师开展教学活动的重要载体，是教学过程中不可或缺的元素，对于实现教学目标具有重要意义。为了更好地适应社会发展的需求，高校体育教学工作者必须先建立健全的教材体系，从而拓展体育对学生娱乐社交、身心发展等方面的重要功能，并进行对高校体育教学过程的深化改革。目前我国高校体育教材体系的建设工作面临着一系列的问题，如教学观念落后、忽视学生的心理健康发展、体育教学知识过于陈旧等，要求教师必须要重视体育教材的建设。在新型教材体系建设的过程中，教师应向学生传达体育锻炼对未来发展的重要性，在提高学生的身体素质水平的同时，提高学生的心理素质。

一般认为，高校体育教学活动更注重实践性，但这并不意味着体育教材缺乏知识性。在新型教材体系建设过程中，高校体育教师应对学生的发展规律进行分析与研究，根据不同阶段学生的身心发展特点，选择相应的高校体育教材。在新的时代背景下，学生越来越重视体育健身的重要性，因此对体育锻炼知识的需求越来越高，因此教师不仅要在体育课程中传授健康理论知识，还要通过其他学科向学生传授体育相关的知识，如医学、心理学等。另外，高校体育教师还要引导学生将理论知识应用到具体实践当中，使学生能够深入了解这些知识的内涵。因此，新时期的高校体育教材体系是一种具有时代特色和实践性的教材体系。

高校体育教材的建设工作还应重视学生的主体作用，以便于教师能够借助教材的休闲娱乐部分营造轻松、愉悦的教学氛围，从而吸引学生的学习兴趣，激发学生的学习积极性。因此，在制定高校体育教材体系时应适当增添一些娱乐健身的活动内容。

在高校体育教学过程中，由于教师的个人理解能力存在差异，从而导致他们对教材的看法不同。有的教师强调学习教材中的理论知识，有的教师强调从实践中掌握运动技术，甚至还有的教师强调学习教材中的休闲娱乐项目。无论体育教师对教材持有哪种看法，都必须要围绕高校体育教学过程的“体质、技术、修养、认识”目标来开展教学活动，充分利用高校体育教学的多种功能来加强学生的体质健康水平、提高体育运动技术的掌握程度，使学生不仅能够从体育教学中学到健康养身的方法，还能够从体育教学中获得乐趣与满足。因此，在新时期高校体育教材体系中要逐渐扩展多个方面的内容，从而促进学生的全方面发展。

（三）建立传统与现代型相结合的教学过程

受传统教育观念影响，我国传统体育教学有两种倾向：其一，过度重视提高学生的身体素质；其二，教师在体育教学活动中过度重视传授的作用，而忽视了自身的引导作用。随着我国逐渐加大对素质教育的重视，传统体育教学的一些教学内容已经无法满足学生的学习需求。因此我们在进行高校体育教学过程的改革时，要合理运用传统体育教学中的优秀部分，实现传统体育教学模式与现代体育教学模式相结合；要合理吸收外来体育教学模式，实现西方体育教学模式与我国体育教学模式相结合。值得注意的是，高校体育教学过程改革要始终坚持以学生为中心，将体育作为学生日常生活中不可或缺的内容，从而培养学生终身体育的观念。

为了更好地实现传统体育教学与现代体育教学相结合的体育教学过程建设，教师应从以下三个方面着手。

第 1，改变过度重视学生身体素质的教学观念。对于高校大学生而言，学习体育课程的目的是通过一些休闲娱乐的运动项目来缓解学习压力、放松自己，而不是一味地提高身体素质水平。如果学生能够在体育教学过程中感受到欢乐，那么他们将会主动地参与到体育教学活动当中。

第 2，改变传统体育教学中的单纯分解教学或单纯完整教学。教师在选择教学方法时应充分考虑学生的学习能力或接受能力，从而实现分解教学与完整教学的结合，使学生能够更好地适应体育教学活动。

第 3，改变传统体育教学中的单向互动方式。教师应重视学生在课堂中的主体性，开展学生与学生之间的交流互动，从而充分发挥学生的主观能动性。教师还可以开展合作性教学，使学生能够在学习小组内积极地交换意见，发挥小组合作的力量，解决一些特殊的问题，从而顺利地达成教学目标。

综上所述，传统体育教学与现代体育教学相结合的体育教学过程建设，能够满足我国高校教学的规划与发展需求，不仅能够充分调动学生的学习积极性、培养学生对体育教学活动的兴趣，还能够提高高校体育教学的教学质量，进一步为社会提供全面发展的高素质体育人才。

第九章 高校体育教学评价的发展与改革

为了对体育教师的教学活动做出潜在性的价值评判，就必须对此建立有效的体育教学评价机制。教学评价机制对教学过程中的众多因素都会进行评价，如教师、学生、教学内容、教学方法、教学手段、教学环境、教学管理等，但主要是针对学生最后的学习效果进行评价以及对教师的教学工作进行评价。其评价的方法主要以量化评价与质性评价为主。

第一节 体育教学评价基本理论

一、体育教学评价的概念和特点

（一）体育教学评价的概念

体育教学评价是根据教学目标对体育教学过程及最后的结果进行价值评判，并为体育教学做出决策的一种服务活动，是对体育教学活动现实的或潜在的价值做出评判的过程，即为体育教学评价。在这一教学活动过程中，体育教师应当以最终的体育教学目的为宗旨，拟定出在体育教学的教学大纲以及如何实行的教学计划，以此作为对学生的指导依据，从而保障体育教学能够达到预期的目的。

体育教学评价是以教师在教学过程中老师的“教”与学生的“学”为评价标准，学生的“学”主要表现在是否真正掌握和学习到内容，学习态度有没有发生改变，学习成绩有没有提升，身体素质有没有改变等。教师的“教”主要表现在有没有改变学生的学习能力，有没有运用合理的教学方式，是否将理论与实践相结合等。对于体育教学评价的对象与其内容的优缺点以及当前的重要性与使用频率，具体可参考表格 9-1。

表 9-1 对各种体育教学评价的分析

评价方式	优点	缺点	使用频率
教师对学习过程的评价	评价的主体是最有经验的教师，而评价的对象是生动的教学过程，评价会及时而生动	由于评价的对象是动态过程，评价有时缺乏准确性	每时每刻
教师对学习结果的分析	评价的主体是最有经验的教师，而评价的对象又是最能反映教学效果的结果，因此评价的准确度很高	评价缺乏即时性，也会因此缺乏生动性，发现的问题已经无法纠正	每学段、学年、学期、单元
教师之间的相互评价	评价的主体与客体都是有经验的教师，因而评价具有学术性与高质量。这种评价对教学经验的总结与教学的改善很有作用	这种评价不可能成为日常的评价，也不能成为对每个学生的即时评价	每学期 12 次
学生的自我评价	评价来自于学生对学习的“自省”，对于激发学生学习动机与培养学生的学习能力具有重要作用	评价会因学生的自我保护意识与优点夸大而产生偏差	每时每刻
学生之间的相互评价	评价来自于处于同样学习目标与学习阶段的“同行者”，有很强的针对性与生动性，也有很强的刺激性	评价会因学生的经验不足、缺乏专业知识与对同学缺乏负责精神等产生偏差	教师组织时间为主

从上表可以看出，体育评价机制是一个集优点与缺点于一体的评价体系，为了保证体育评价机制的优点能够最大程度地发挥，就必须将评价机制建立在调查分析之后，其评价结果才是合理的、公正的。

（二）体育教学评价的特点

1. 体育教学评价的动态性特点

体育教学评价的动态性主要表现在，它并非是一成不变或严格按照某一标准和规定进行评价的，它对整个教学具有调整性作用。由于体育教学评价服务于各类体育教学活动，所以它不仅仅注重对最后的教学结果进行评价，更注重对过程进行评价，是一种对教学结果进行双重考核的统一性整合。具体的评价标准就是看最后的结果是否达成了预定的目标，以及呈现出来的教学效果是否良好，将最后的结果作为评价考量，这就是动态性的一种表现。

2. 体育教学评价目标的发展性特点

体育教育目标作为体育教学的出发点，其体现的就是体育教学的价值观念，因此，也可以说体育教学目标是体育教学评价的一项基本根据。在现阶段，有部分高校体育评价将学生最后学得的运动技能多少、掌握程度作为体育教学评价，这无疑会对整个体育教学造成一定的误区，从而导致最终的结果受到影响，使教师在教学过程中忽略了改善学生的身心健康、体育兴趣、思想品质建设、学习能力与态度等，从而一味地追求体育技能的提升，忽视了对学生的全面发展。在当今社会中，“以人为本”的教育理念是教育发展的重心，是符合社会主义发展的核心文化价值观，所以在对学生进行体育教学时，务必以学生为主体，注意学生的平衡发展，促进其综合素质的全面提高，从而在现阶段教学中为学生未来的发展奠定良好的基础，使他们在日后的社会发展过程中能够快速地适应并得到充分的发展。

3. 体育教学评价主体的多元性特点

体育教学评价中所涉及的主体众多，有学生、教师、家长、专家、校领导等，这就直接显示出体育教学评价主体的多元化特点，于是造成最后的评价结果也不尽相同。但在近年来，我国在教育领域中倡导以学生为主体的教育观念逐渐被普及，使学生的主体地位开始慢慢得到确立，由传统的以教师讲述为主体转变为以学生的需求为主体，其评价体育教学的内容也逐渐转变为学生的主动参与、自我进取、逐步发展的过程，这种转变大大改善了师生之间的关系，双方形成了相对平等、民主的和谐关系，既能满足学生的知识需求，又能提升教师的教学效果。这种评价方式能够将体育教学中的实际情况准确、全面地反映出来，帮助完善体育教师的教学工作，提升体育教学的水平。

在传统的体育教学评价中，其评价模式多以管理者的主观判断为主，形成一种片面、单一的评价体系，这对于学生来说是极为被动的，最终会导致学生逃避体育评价、对体育活动产生消极负面的心理，从而对最后的结果产生胆怯和抗拒的情绪。若长此以往，将大大削弱学生对体育活动的热情和主观能动性，让评价者无法及时地发现问题，从而造成评价结果不具有真实性，则失去了整个评价体系的作用和功能。所以，集合评价主体的多元化特点，相互之间交换、调动调整，才能起到真正意义上的有效评价。

4. 体育教学评价方法的过程性特点

评价本身就是对过程的一个判断，是一个内隐的思维过程。客观地讲，体育学习过程原本就属于一个实践过程，是学生走入社会所需要掌握的一种社会实践能力。而学生有没有掌握、控制并推进这一实践活动，就必须依赖于体育教学评价来确定或改进学生的学习过程，是一种“以评促学”的过程。与此同时，体育教学评价也是学生对教师教学评价的过程，是一种“以评促较”的过程。学生在教育过程中提醒教师需要强化、补充的知识点，有助于推进和修缮教师的教学内容和教育方法，使体育教学工作得到全面的发展。

5. 体育教学评价方法的多样性特点

体育教育评价方法并不是固定的，它针对不同的体育教学内容、不同的评价对象，其评价方法也有所不同，所以体育教学评价具有多样性的特点。之所以会出现这种多样性的局面，是为了保证对体育教学工作做出公正、客观的评判，因为不同的体育活动受某些因素的限制，最终所呈现出的结果是具有一定局限性的，所以将多种评价方法进行整合、调整后使用，可以保证对教学结果的公平性评价，其评价方法的优势也能得到成分发挥，从而对某些缺陷进行弥补。

比如，在对学生进行最终评价时，不将学生在最终考核时的表现作为唯一评判依据，而是结合学生平时的表现状态以及对一个持续性的发展过程的稳定程度进行评价。这种评价方法可以综合考虑学生的优势，对一些缺陷进行弥补或修改，不仅可以将学生的积极性与主动性调动起来了，还可以给予了学生公正、平等、客观的评级。

二、体育教学评价的类型、功能和作用

（一）体育教学评价的类型

体育教学评价是体育教学改革的关键环节，是师生之间思维、情感交流的重要维系，对体育教学未来的发展具有重要的现实意义。根据不同的分类标准，体育教学评价类型可以大致划分为以下两种类型。

1. 以评价分析方法为依据进行划分

（1）定性评价

在体育教学评价中，定性评价更加注重学生“质”的发展，即对教学目标和教学结果的一致性较为看重。强调对学生的优缺点进行系统的调查，并对个体独特性做出“质”的分析与解释，是具有实质性内容的一种评价机制。因此，定性评价可以关注更广泛的教育目标及学习结果，强调关注现场和专业判断，对学生种种表现试图做出具有教育学、心理学意义的解释与推论。

（2）定量评价

定量评价具有一定的客观性、标准性、精确性、量化性、简便性等特征，是一种关注“量”而走向抽象并且侧重定量描述的评价。所以在进行评价时，每个细致的地方都要求被量化，强调共性、稳定性、统一性，也因此而忽略了学生的个性心理发展和行为表现以

及学生的一些难以量化的重要品质与行为。

2. 以评价功能为依据进行划分

（1）诊断性评价

诊断性评价运用在教学活动中是指老师对评价对象的学习准备程度做出鉴定，以便采用不同的教学计划，有针对性地展开教学，其作用是确定学生的学习准备程度以及更好地安置学生。

从另外一个层次上又可以定义为教师通过对学生学习停滞不前的根本原因进行调查，以此做出一定的评判，即为诊断性评价。其评价内容主要是查明存在问题的原因，将问题的出处与源头弄清楚，从而对症下药。除此之外，诊断性评价还会对学生其他的特殊才能进行评断。

（2）形成性评价

所谓形成性评价是指在教学过程中，对学生日常学习过程中的表现、所取得的成绩以及反映出的情感、态度、策略等方面的发展做出评价，并以此为依据，利于教师及时发现教学中的问题。形成性评价是基于学生学习全过程的持续观察、记录、反思而做出的发展性评价，其目的就是为了激励、鼓舞学生的体育积极性，并从中发现自己的优势，从而获得成就感，增强自信心。

（3）总结性评价

总结性评价也可以称之为终结性评价、事后评价，一般是体育教学活动告一段落后，为了了解体育教学活动的最终效果而进行的评价。学期末或学年末进行的各科考试、考核都属于这种评价，其目的是检验学生的学业最终是否达到了教学目标的要求。总结性评价根据结果对被评价者做出全面鉴定，区分出等级，并对整个教学活动的效果做出评定。

（二）体育教学评价的功能

体育教学评价就是体育教学目标的展现，具有鲜明的特点，且呈现出多种功能性，如诊断功能、导向功能、激励功能、调控功能等，对体育教学有着极其重要的作用，其详细内容如下。

1. 诊断功能

体育教学评价的诊断功能主要表现在，一方面可以及时发现学生在体育活动中所出现的不足或错误并加以及时更正，给有疑惑的学生给予一定的帮助和指导，以便全面地完成学生的体育活动；另一方面，通过体育教学评价，教师可以根据最后的结果来对自身的教学内容进行鉴定，对不足的地方加以纠正，同时，还可以对较为成功的教学成果进行归纳总结，将优势继续发挥。

2. 导向功能

不同的体育活动内容会以不同的评价方法得出不同的结果，所以体育教学评价不仅具备多样性和差异性，其不同的结果所表现出来的导向性作用也大不相同，对体育教学也有着不同的指向性，使教学效果不断地深化、修正，逐渐形成一套正确、有价值的优质教学评价方法。

3. 激励功能

体育教学评价方法可以及时地发现学生的不足，对学生和教师都有推动性作用，通过教学评价可以使学生的学习效果得到良好的展现，教师也能从中发现自己教学内容的优势与不足，不仅激励着学生对体育活动的热情和积极性，也激励着教师将优势进一步发挥，将不足加以修缮。因此不难看出，体育教学评价方法对教师和学生都有着一定的激励功能，所以形成一套科学、合理、公正的教学评价势在必行，在给教师和学生带来心理上的激励时，同时让教师和学生朝着更高、更远的目标做出努力，形成一种鞭策。值得注意的是，在对学生实行教学评价机制的激励功能时，应注意适时、适量，避免学生急于求成而产生超负荷量的身体运动。

4. 调控功能

通过体育教学评价，教师和学生可以根据反馈结果及时对体育教学进行调整和控制，改变教学方式、调整教学策略、改进教学方案等或在体育教学中研究、创新出新的规律和方法，将相关体育内容加工整合并解决体育教学中的难题。体育教学评价将体育教学过程变为一个可以及时获取到反馈与调节的可控系统，对于教学活动愈发接近预期目标起到了较为有利的作用。

（三）体育教学评价的作用

体育教学评价的作用就在于对教师课堂教学质量进行检查和评定，对教师改进教学方法、积累教学经验、提高教学质量具有重要作用，同时也是教师自我分析、自我矫正的一个过程，推动体育教学质量的提升，帮助完成学生综合素质的全面发展，其具体主要表现在以下四个方面。

1. 提高体育教学水平

通过体育教学评价所反馈的结果，教师会对教学过程中不足的地方加以修缮，如替换教学内容、更改教学方式、创新教学设计等，以学生暴露出的问题为着手点，帮助教师针对出现的问题做出多方面的调整，改良教学水平，从而提高体育教学水平，帮助学生在体育活动中减少出错。

2. 增加学生体育学习的兴趣

体育教学评价除了能帮助教师及时查缺补漏外，还能帮助学生更好地了解自己，知道自身的不足之处和优势在哪里，使学生对自己的基本情况有大致的了解，使优势成为自信之处，教师再通过对学生的不足之处进行引导和完善，能够极大地激发学生对体育活动的兴趣。与此同时，教师通过对教学内容的合理调整，如多设置一些学生能够发挥长处的体育活动，加大学生的发挥空间，满足学生的表现欲，对体育活动的积极性提升也有极大的推动作用。

3. 完善体育管理

体育教学评价使体育教学工作中的管理方面得到完善，如教学资源管理、教师管理、学生管理、教育器材管理等。不仅能够通过教学评价的结果对这些方面进行及时的完善，还能将教学水平进一步优化。

4. 提高体育科研水平

在进行体育教学评价的过程中，就是对评价过程中所掌握的相关资料进行整理、归纳，然后逐一对教学环节中的资料进行研究、分析的过程，最后得出的结论和数据为日后的教学改革创新奠定了一定的基础。例如，对不同性别和年龄段的学生进行体质调查、教学方法的应用是否恰当、体育教学技术是否需要创新等，都能为日后的体育教学提供宝贵的经验。

三、体育教学评价的原则与方法

（一）体育教学评价的原则

1. 客观性原则

客观性原则又叫真实性原则，是依据体育教学目的、规律以及体育教学评价而做出的基本指导要求。若缺乏客观性原则，就会导致体育教学评价失去真实性、平等性，教师也因此会做出一系列的错误教学决策，致使学生的学习效果和体育教学成果不仅都得不到提升，反而会因此适得其反。所以，为了保证教学评价结果的真实性，就需要直接要求体育教学评价不能偏离客观实际情况，其包括评判标准、方法、评判者的主体态度等始终保持不受主观因素的影响。通常情况下，要想在教学评价中贯彻实施客观性原则，需要从以下三个方面做起。

第一，评价标准应客观，不能随意更改、增添、删减；

第二，评价方法要客观，减少或杜绝执行过程中偶然性的发生；

第三，评价态度应客观，不以主体意识为转移或受他人意识干扰。

2. 全面性原则

全面性原则是指在体育教育评价中，需要综合涵盖体育教学环节中的各个环节，并做出全面的考察和评判，不突出某一环节，也不忽略某一环节，总而言之就是保证体育教学评价能够全方位、多角度地进行评价，避免发生以偏概全、以点带面的现象。体育教学评价所需要做出的评价内容有很多，如教学理念、技术技能、身体技能、心理发展、授课质量等，甚至还会延伸到思想品质、个性、学习态度等其他因素，因此，其评价过程不能仅针对一个方面来进行对整个整体的评价，必须从不同的角度和观念来进行教学评价。值得注意的是，在评价过程中，还应当注意主次分明、轻重区分，将显现出的矛盾从主到次依次解决。

3. 科学性原则

体育教学评价中的科学性原则是评价过程中必须严格遵守的原则之一，科学性原则就是指以客观规律为依据，与实际情况相结合，设计科学的评价标准，提高体育教学评价的科学性，防止出现主观性、盲目性、经验性的评价倾向，始终将科学性原则作为评价根本。只有这样，体育教学评价才能充分发挥其公平、公正的特点，真正意义上将体育教学成果展现出来。科学性原则主要体现在评价目标、标准、方法、程序的科学化，若要保证这些方面都严格遵循科学性原则，需要从以下三个方面的标准与要求入手。

第一，将体育教学中的“教”与“学”严格统一起来并作为体育教学评价的出发点将体育教学评价的标准确定下来；

第二，对新兴的统计方法和测量手段进行保留和推广，并将此种方式获取的相关资料进行数据保存；

第三，预先对评价过程中使用到的工具进行筛选，在最后得出结果后，再将所使用到的工具进行推广与普及。

4. 指导性原则

指导性原则是体育教学评价中必须遵循的又一主要原则，它不仅与客观性原则、全面性原则、科学性原则同等重要，还能发挥出其他原则不可比拟的作用。指导性原则与体育教学评价结合后，可以让评价者对整体过程有一个全面的认识，这就要求评价必须坚持正确的导向。也就是说，其评价过程必须从不同的角度将问题认真分析，并找出问题的根源所在，然后将有用的信息反馈出来。若要保证指导性原则的贯彻落实，需要做到以下三个方面的标准与要求。

第一，以一定数量的评价资料作为评价基础，并以此作为指导，避免评价过程中出现随意性的现象；

第二，评价结束后，必须将评价结果进行及时的反馈与总结，并做出相关的指导，避免时间上的延误；

第三，评价结果必须具备一定的启发性，让被评价者在此结果上拥有一定的发挥空间与思考程度。

（二）体育教学评价的方法

体育教学评价的评价方法多种多样，通常情况下较为常用的方法为观察法、问卷法、测验法，其中每个方法都有自身独特的特点，且适用范围不同，所以在进行体育教学评价过程中，针对不同的实际情况又要使用不同的评价方法进行评价，最后所呈现出的效果都较为理想。

1. 观察法

在体育教学评价中，观察法是指评价者根据一定的研究目的、研究提纲或观察表，用自己的感官和辅助工具去直接观察被评价对象，从中获得资料的一种方法。观察法具有一定的目的性、计划性、系统性、可重复性，能够在较短的时间快速地获得第一手资料，所以观察法的很多特性是其他方法不具备的。比如，当教师需要获取学生的一些身体素质数据或心理健康数据时，教师就可以在教学课堂中，通过对学生在活动中的直接表现来收集有效的数据。当然，为了保证数据来源的真实性、可靠性，教师在进行教学评价时必须深入课堂，设身处地地进行实际观察。

观察法可以说是体育教学评价中最为直观的一种方法，需要通过细心的观察来获取有利的信息，这就要求教师在心理状态和素质品格方面具有一定的分析能力和评价能力，才能在学生的体育活动过程中快速地捕捉有价值的信息。

2. 问卷法

“问卷”译自法文 questionnaire 一词，其原意是“一种为统计或调查用的问题单”。问卷法适用于各行各业，是通过一系列问题构成的调查表收集资料以用于某一测量的研究方法之一。问卷调查表中的问题一般是经过了科学、严谨的设计，分为纸质问卷调查和网络问卷调查两种形式。

问卷法的两个主要优点是：标准化程度高、收效快。问卷法能在短时间内调查很多研究对象，取得大量的资料，能对资料进行数量化处理，经济省时。问卷法主要缺点是，被调查者由于各种原因（如自我防卫、理解和记忆错误等）可能对问题做出虚假或错误的回答；在许多场合对于这种回答要想加以确证又几乎是不可能的。因此，要做好问卷设计并对取得的结果做出合理的解释，必须具备丰富的心理学知识和敏锐的洞察力。所以在体育教学评价中，问卷法的使用应该区别于不同的体育活动，发挥问卷调查的优势。

3. 测验法

测验法同样常用于各个行业中，常见的测验有能力测验、品格测验、智力测验、个体测验、团体测验等。在体育教学评价中，测验法通常是以考试为途径，教师再以此对学生做出一定考核的方法，这种方法具有较强的组织性、计划性、针对性，能在学生进行体育活动中发现许多根本性问题，主要表现在以下几个方面。

（1）体育理论知识的测验

体育理论知识是体育教学环节中一项重要的基本性学科，以研究体育一般规律为对象，主要研究内容包括体育的产生与发展、特点和作用、目的与任务、制度与手段，以及体育教学、运动训练、体育锻炼的一般原理和方法等。体育理论来源于体育实践，但不是简单地反映体育实践，而是将丰富的实践经验加以正确地概括，并提高到理论高度，揭示体育的客观规律，从而指导人们的实践。体育理论的建立和发展，同许多学科有着密切联系，并越来越多地运用其知识成果，来解决自身的理论问题。所以，通过测验法，能够清楚地得知学生对于体育理论知识的掌握程度，通常情况下，以口试或笔试来对此进行测验。

（2）身体素质测验

对于高校学生来说，其身体素质通常表现在学习和体育锻炼等方面，虽然一个人的身体素质好坏与遗传及营养有关，但与体育锻炼的关系更为密切，通过正确的体育运动方法进行适当的锻炼，可以使人体在中枢神经的调节下，身体各个器官的综合水平，如耐力、力量、速度、灵敏、柔软、柔韧等。身体素质的强弱是衡量一个人体制状况的重要标志之一，对于高校学生来说，加强身体素质的发展，才能保证学业的顺利进行，所以在体育教学过程中，教师对学生的身体素质测验，能够帮助教师及时了解到学生某些运动的欠缺，从而开展有针对性的体育教学内容。

（3）运动技术的测验

运动技术指完成体育动作的方法，是运动员竞技能力水平的重要决定因素。参加不同体育项目的活动，需完成不同的动作，即需要学习和掌握不同的技术。合理的、正确的运动技术须符合项目运动规则的要求，有利于运动员的生理、心理能力得到充分的发挥，有助于运动员取得好的竞技效果。各个运动项目的各种动作，都有着符合人体运动力学基本原理的标准技术及规范的技术要求；但对每名运动员来说，又必须依据个体的生理学特点，选择和掌握具有个人特征的运动技术，才能更为有效地参与运动竞技。对于高校学生来说，运动技术的测验是指通过对学生完成的某一动作技术，按照动作标准从而做出的客观测评。

（4）体育情感行为测验

情感是人对客观事物是否满足自己的需求而产生的态度体验，在人们的生活和学习中，情感无时无刻不在产生并发生变化。在体育中，人的情感产生一般也会随着体育活动发生变化，如兴趣、态度、情趣、动机、价值观等，也因此会影响到体育教学的效果。在体育教学中，量表是情感行为的测量工具。

第二节　体育教师教学评价

一、对体育教师专业素质的评价

在体育教学中，体育教师是课堂的组织者、主导者，是体育教学中的直接参与者，所以，体育教师的素质水平决定着课堂的质量，也直接影响着学生的课堂体验。一般情况下，教师的专业素质包括思想政治素质、自身发展素质、知识结构素质、能力结构素质。

（一）思想政治素质

为人师表、以身作则是体育教师职业素质的核心，思想政治素质是教育者应当具备素质中的最高表现，是教育好学生的重要条件之一。首先在思想观念上，体育教师作为表率，自身就应当表现出不畏艰难、斗智昂扬的状态，不能以不思进取、缺乏责任心、事业心的状态出现；在精神状态上，要时刻保持高标准，对体育工作充满激情与干劲，尽职尽责地完成好体育教学等等。对教师思想政治素质的评价一般通过学生的评价与教师的自我评价两种方式为主。

（二）教师自身发展的素质

教师自身发展的素质主要是指，在工作上要深入、用心，不能停滞于现状而不前，对未来的工作做出合理的规划与晋升，对体育知识时刻保持学习的状态，对新兴的教学手段及时关注，合理利用到教学课堂中，不断对自己的教学任务提出要求和标准，使自己和学生共同进步。

（三）知识结构素质

知识结构素养是指教师所掌握知识的深度与广度，不仅要具有丰富的理论知识，还需要有高超的运动技术技巧，不仅对体育专业知识做到熟能生巧，还应对体育相关的其他知识有较高的认知，如心理健康知识、思想政治知识等。

（四）能力结构素质

能力结构素质主要表现在教学模式是否新颖、教学方法是否单一、课堂效率是否有较高的成效等，这都是体现体育教学能力素质的重要方面。能力结构素质高的教师可以灵活地运动教学方法，针对不同的教学内容做出不同的教育策略，在知识讲解方面也能做到细致精准，使学生能够直观地学习知识，并激发学生对体育的热情与积极性，学生的专注力也会更加集中，使师生关系形成一个良性循环，从而在一定程度上提升体育教学效果。

另外，在教师的能力结构素质中，身心素质也囊括其中，身心素质是一切素质的基础条件，能够保障体育教学活动正常有序地进行，身心素质良好的教师能准确地将自身能力表现出来，如敏锐的观察力、准确的记忆力、丰富的想象力、良好的注意力分配能力、敏捷的思维力等等。

二、对体育教师课堂教学的评价

教师课堂教学的评价是根据教师在课堂中的授课方式、内容、技巧等，做出一系列的评价，是促进学生成长、教师专业发展和提高课堂教学质量的重要手段。具体的评价内容可以从以下几个方面出发。

（一）课程标准的贯彻

所谓课程标准，就是对学生在经过一段时间的学习后应该知道什么和能做什么的界定和表述，反映出的是对学生的一种期望结果。课堂教学与课程标准和教学目标紧密相连，教学目标为课堂教学做出指引，是否达到教学目标从课程标准的内容能够看出，课程标准有没有被贯彻实施从课堂教学中可以看出。另外，教师的教学定位是否准确，教学内容是否符合学生的身心发展需求，教学方式是否充分以学生为主体等，都是课程标准贯彻实施的具体表现。

（二）教育教学思想

对于体育教学来说，以素质教育为基础，健康第一，以终身体育为教育教学的指导思想，贯彻德、智、体全面发展的教育方针，面向全体学生，坚持对学生在校全过程的体育教学，促进学生身心全面发展。在这一系列思想的指导下，再以课程改革为主线，三类课程相结合，多种教学模式并存，促进学生全面发展，是体育教学的总体思想。

（三）教学内容

体育教学内容是根据体育教学目标制定出来的，同时根据学生的身心发展需求以及在现有的教学条件下进行加工整合，在体育课堂中教授给学生体育理论知识以及运动的技术技巧等。可以看出，体育教学内容的制定不仅要包括理论知识、方法、技巧等面面俱到，还要考虑到学生的性别、年龄、体能、心理素质、意志品格等差异化因素，在教学内容制定完成后，还要进行科学、合理地安排教学等，是一项综合性很强的工作内容。

（四）教学方法和手段

教学方法是指教师和学生为了实现共同的教学目标，完成共同的教学任务，在教学过程中运用的方式与手段，基本由指导思想、基本方法、具体方法、教学方式四个层面组成。由于在教学过程中，教师一般处于课堂组织者和引导者的位置，所以在教学方法上仍以教师为主要表现形式，在不同的社会背景、文化氛围下，教师的教学方法也会随之发生相应的变化。而教学手段是指教师在教学过程中运用辅助工具来完成课堂教学的一种方法，如幻灯机、投影仪、电视机等，能形成教师与学生之间良好的沟通效果。

（五）教学技能

教学技能是指教师运用已有的教学理论知识，通过练习而形成的稳固、复杂的教学行为系统。它即包括在教学理论基础上，按照一定方式进行反复练习或由于模仿而形成的初级教学技能，也包括在教学理论基础上因多次练习而形成的，达到自动化水平的高级教学技能，即教学技巧。教学技能是教师必备的教育教学技巧，它对取得良好的教学效果，实现教学的创新，具有积极的作用。

在体育教学中，教师的教学技能主要表现在充分利用各类教学资源，为学生营造良好的运动环境，帮助体质较弱、缺乏自信心的学生主动参与到体育活动中来，帮助学生发挥自身潜能与优势，遇到突发问题时可以冷静有序地进行处理，采取正确的解决方法。总之，教学技能要求通过教师的外在表现力，成功、创造性地完成教学任务，达到教学目标；对内又要求教师在教学时将个性与创造性统一发展。

（六）教学效果的评价

对教学效果的评价关系着教学目标是否达成，教师是否关注了学生的知识需求，教学内容是否符合当下教育方针，教育方式是否科学、恰当，除此之外，对教学效果的评价还包含着学生对知识的熟练程度，有没有形成良好锻炼的习惯，有没有建立良好的心理素质和意志品格，技术技巧是否娴熟等。对于体育教师课堂教学的评价内容与评价标准，可以参考表格 9-2。

表 9-2 体育课堂教学评价（自评、教师互评）

学校　　　　　　班级　　　　　　课题

执教人　　　　时间　年　月　日　第　课　地点

<table>
<tr><th colspan="2">评价指标</th><th rowspan="2">二级指标及权重</th><th colspan="8">评价等级</th><th>得分</th></tr>
<tr><th>名称</th><th>要素</th><th colspan="2">A 级</th><th colspan="2">B 级</th><th colspan="2">C 级</th><th colspan="2">D 级</th><th></th></tr>
<tr><td rowspan="2">1. 教学目标内容（20）</td><td>目的性</td><td>1. 教学目标明确规范，师生共识（5）
2. 作业要求具体可行，有创造余地（5）</td><td>10</td><td>9</td><td>8</td><td>7</td><td>6</td><td>5</td><td>4</td><td>3</td><td></td></tr>
<tr><td>科学性</td><td>3. 符合大纲要求，内容正确，密度恰当，速度适宜（5）
4. 条理清楚，突出重点、突破难点（5）</td><td>10</td><td>9</td><td>8</td><td>7</td><td>6</td><td>5</td><td>4</td><td>3</td><td></td></tr>
</table>

续表

2. 教学过程方法（26）	主体性	5. 学生主体，注重学法指导，学会学习（4） 6. 策略新颖，激发动机兴趣，学生积极参与（4）	8	7	6	6	5	5	4	3	
	最优化	7. 精讲善练，联系实际，方法步骤清晰（5） 8. 教具、媒体使用熟练、恰当，效率高（5） 9. 时间分配合理，节奏紧凑，不拖堂（4） 10. 组织形式生动合理，面向全体，气氛活跃（4）	18	17	16	15	14	12	11	10	
3. 教学素养（18）	教学能力	11. 衣着大方，教态亲切自然，具有无声魅力（6） 12. 说普通话，语言清晰、准确、流畅、生动（6） 13. 专业技巧熟练规范，器材、场地布置合理（6）	18	17	16	15	14	12	11	10	
4. 教学效果（26）	知识技能	14. 掌握基本知识、技能，学生练习情况良好（6） 15. 联系实际、活用知识，学生每人各有所获（6）	12	11	10	9	8	7	6	5	
	创造情感	16. 创设情境，激发兴趣，鼓励探索与创新（5） 17. 师生互动，学生互助合作，课堂气氛融洽（5） 18. 发挥德育、体育功能，教书育人（4）	14	13	12	11	10	9	8	7	

续表

5. 教学特色（10）	创新性	19. 在教学内容（2）、教学策略（2）、教学模式（2）、教学媒体（2）、教学方法（2）等方面进行有效的开发、改革与创新	10	9	8	7	6	5	4	3	
定性描述								定量评价结果		总分	
										等第	
评价者单位								评价者			

三、体育教师评价的主体

（一）学生对教师课堂教学的评价

在体育教学过程中，学生作为教师的直接授课对象，能够对教师给予最直接的教学评价，其评价结果能直接作为教师的重要参考资料，以此作为对体育教学的改革和创新。在学生对教师的教学评价中，涉及到多方面的内容，如授课方式上，教师是否根据本堂客的内容做到重点突出，层次分明，通俗易懂；教师在讲课的语言风格上，是否生动形象、幽默风趣；其课堂氛围是否融洽，有没有充分调动学生的积极性和主观能动性；教师的工作态度是否治学严谨，是否深入了解到学生的个体差异等，具体可以参照 9-3 表格。

表 9-3 学生对教师课堂教学评价表

学校		学生姓名		年级班次	
学科		教师姓名		时间	

评价内容	权重（分值）			
	优 9-10	良 8	中 6-7	差 3-5
对教师创设的情景，我有兴趣，我喜欢老师的课。				

续表

<table>
<tr><td colspan="3">老师鼓励我们去发现和提出问题，能以我们的问题为出发点，开展教学。</td><td></td><td></td><td></td><td></td></tr>
<tr><td colspan="3">老师用我们生活中熟悉的事例，引导我们去学习、探究和理解。</td><td></td><td></td><td></td><td></td></tr>
<tr><td colspan="3">老师提问有吸引力，同学之间围绕问题开展讨论、交流、合作学习。</td><td></td><td></td><td></td><td></td></tr>
<tr><td colspan="3">课堂中老师能够照顾到每一个同学的学习和反映，平等对待同学。</td><td></td><td></td><td></td><td></td></tr>
<tr><td colspan="3">老师对我们的评价以肯定、鼓励、表扬为主，使我们学习更有信心。</td><td></td><td></td><td></td><td></td></tr>
<tr><td colspan="3">老师知识丰富、语言准确、有感染力、教态亲切、板书规范。</td><td></td><td></td><td></td><td></td></tr>
<tr><td colspan="3">老师重视直观教学（亲身示范、实验演示）能熟练地运用现代教育技术（多媒体）。</td><td></td><td></td><td></td><td></td></tr>
<tr><td colspan="3">老师的教学使我们情感融洽，学习热情高，学有所得。</td><td></td><td></td><td></td><td></td></tr>
<tr><td rowspan="4">备注</td><td rowspan="2">本评价采用等级量化评价办法，总分 100 分，评价等级分为很满意、满意、基本满意、不满意，由学生评定。各项获得总分 90 分以上为很满意，89-80 分为满意，79-60 分为基本满意，60 分以下为不满意。</td><td>合计</td><td></td><td></td><td></td><td></td></tr>
<tr><td>总分</td><td colspan="4"></td></tr>
<tr><td>我觉得不满意的方面</td><td colspan="5"></td></tr>
<tr><td>我的建议</td><td colspan="5"></td></tr>
</table>

（二）领导对教师课堂教学的评价

在所有的评价主体中，领导对教师课堂教学的评价是最有权威性的，最后的评价结果将直接关系到该教师的教学声誉与地位，对教师有着实质性的影响，所以教师对一些公开课必须保持严肃的态度，在平时的体育教学中严于律己，形成一个严谨的教学习惯或与其他教师相互评价，结合其他教师的优势来弥补自身的短板，再及时对教学方式进行调整。

第三节 学生学习评价

一、学生体育学习评价的内容

对学生的体育学习进行评价是体育教学评价中的重要环节，不但便于教师及时掌握学生的基本情况，教师还能以此对自己的教学方式进行修缮，以满足更多学生的需求。那么，评什么？怎样评呢？总的来说，可以从以下几个内容入手。

（一）体质健康

为了深化学生综合素质评价，教育部在 2014 年 4 月 21 日颁布了《学生体质健康监测评价办法》等三个文件，系统设计和整体完善了学校体育工作评价机制，以此来督促高校重视青少年身心健康、体魄强健。其中，针对不同年级的学生，其考核标准也不相同，其具体考核内容可参考表 9-4（摘自《国家学生体质健康标准（2014 年修订)》)。

表 9-4 大学各年级体质健康测量指标与权重

单项指标	权重（%）
体重指数（BMI）	15
肺活量	15
50 米跑	20
坐立体前屈	10
立定跳远	10

续表

引体向上（男）/1 分钟 仰卧起坐（女）/1 分钟	10
1000 米跑（男）/800 米跑（女）	20

（二）学习态度

学习态度是指学生对学习较为持久的肯定或否定的行为倾向或内部反应的准备状态。它通常可以从学生对待学习的注意状况、情绪状况和意志状态等方面加以判定和说明。在体育教学中，学生的学习态度一般包括对待体育知识的学习态度、对待体育运动的态度以及对待教师、学校的态度等。通常情况下，对学生学习态度的考核标准可以以下面四个层面为考核指标。

1. 能够积极、自主地参与到体育教学活动中来，无特殊情况不请假、不缺课；

2. 认真地听取教师的讲课内容，积极思考，并通过反复的实践来对知识点进行验证；

3. 认真对待体育课学习，不将它看成是无关紧要的课程；

4. 对于教师指出的动作不规范的地方虚心接受，能够耐心听取教师的建议与指导。

另外，可以通过亚当斯的体育态度量表对青少年进行体育运动的态度进行测量，评价其行为态度、目标态度、认为认知、行为习惯与行为意向等方面内容，对学生能有一个大致的了解。

（三）知识技能

学生在体育教学活动中所掌握的知识技能通常为运动技能，即学生通过体育知识的学习，能够调节、控制、有效地完成专门动作的一种能力，是一种动作经验，而非认知经验，与心智技能有所区别，具有物质性、外显性与展开性。其运动技能也可以分为多种等级，初级水平一般是较为基础的运动练习，高级水平说明学生已经掌握较为高级的运动技能。在对学生的知识技能进行评价时则分为理论知识评价和运动技能评价，理论知识方面重视学生对知识的掌握程度和理解能力，以及应对知识的考核能力；运动技能方面重在对动作技术方面的考核，以篮球运动为例，如投篮动作是否标准等。

（四）学生心理健康水平和社会适应能力

世界卫生组织曾指出：“健康是指精神上、躯体上和社会上的完美状态，而非指没有疾病和病症。”由此可以看出，对于未来高校人才的培养，在以健康第一的前提下，其心理上和社会上的健康状态是更为重要的，是教育工作者的一项重要教育工作，也是体育教学评价中考核的一项重要内容。健康的心理状况水平应该是对自我有正确的认识，了解自我、接纳自我，能知道自我存在的价值；乐于学习、生活，保持乐观积极的精神面貌；与教师、同学保持良好的人际关系，乐于交往、尊重友谊；善于控制情绪，保持平和、稳定的状态；拥有健全的人格；面对挫折和失败时有较高的承受能力等等。社会适应能力从属于心理健康，指学生能够在未来步入社会后能够很好地生存，从而在生理上、心理上以及行为上做出一系列适应性改变，与社会达成一种和谐状态的执行适应能力，是能够直接反映学生综合素质的表现。

二、教师对学生体育学习过程的评价

在体育教学中，对学生进行评价的一般都是教学经验丰富的教师，对学生的体育学习过程进行评价，可以直接反映出教师的教学效果，所以，这是一种较为传统且作用重要的评价方式。

对学生体育学习过程的评价可以让教师快速地了解到学生所掌握的知识点，明确教学活动中自身出现的一些不足与问题，以便教师及时做出修正或调解，为实现教学目标而做出相应的调整计划，以保证达到良好的教学成果，从而使教师与学生取得共同发展和进步，因此也可以称之为形成性评价。该评价过程比较注重评价结果的反馈情况，且评价过程直接、及时、明确，涉及到的评价内容丰富，所采用的工具也具有多样性。以保证教学进度的正常进行，教师也可以直接将自己所了解到的情况反馈给自己的学生，方便学生及时了解到自身的学习情况，与教师双向配合，共同完成学习效果。

在体育教学中，学生的行为态度主要包括（课堂参与意识、课堂表现、学生和老师之间的互动效果、创新意识、体育课堂出勤率等），行为能力又包含着从事体育锻炼的方法与控制能力以及良好习惯的养成，另外，学生自身的学习目标、意识品格、情感态度等均包含在对学生学习过程的评价中。其评价方式一般会通过口头、眼神、小测验、问卷、考试等对学生形成直接的考核结果，其结果对学生一般会起到表扬、激励、批评、抑制的作用，所以教师在评价过程中需要掌握好方式方法，在提高学生的能力时，不能对学生的心理产生负面消极的影响。

教师对学生的评价依据一般是依靠观察的方式，其中又分为正规观察和非正规观察。正规观察即根据一定的研究目的或需要得到的结果，用自己的感官和辅助工具去直接观察被研究对象或被考核对象，有时会采用一定的辅助工具来对观察结果进行记录，如照相机、录音机等，而非正规观察法是指教师在非特定的场合下对学生进行观察，是以一种随时的、没有目的性的进行观察，最后的观察结果也可能会有可信度不高的情况，所以这种观察方法只适用于一些简单的评价。

三、学生自评和互评

学生的学习评价还包括学生的自评和互评，这种方式不仅能够帮助学生认清自我，让更多的学生参与到评价环节中来，促进学生之间的相互交流，培养学生之间的合作意识和责任意识，同时还能补充教师对学生评价的不足之处。学生自评和互评的内容可以从学习态度、团队合作、发挥作用、学习收获、学习目标、运动技能、情感表现、个人提升等几个方面进行。在进行自我评价时，学生还可以尽早拟定出自己的评价目标，以便在进行自我评价时能够达到自己预期的效果。

在评价过程中，教师应当积极鼓励学生将自己的观察力、判断力、分析能力以及处理问题的能力发挥出来，充分发挥主观能动性，将学生对自己评价的能力和对他人评价的能力提升起来。

学生的自评和互评在教育环节中具有独特的作用，在让学生形成自我反省的良好意识时，还能让学生形成了相互之间的民主意识，观察事物的能力和对于问题的分析能力，是一种具有独特效果的评价方法。但这种评价方法的具体实行还需要根据学生不同年龄阶段做出不同的实施计划。

学生在进行自我评价时，毕竟不像教师，具有丰富的教学经验且自我心智发育尚未完全成熟，所以自我评价最后得出的结果可能与实际情况出现一定的偏差，而出现这种现象的根本在于学生自己的自尊心较高或过度自信，导致了对自身能力形成了一种高估的情况，尤其是当自我评价与体育考核成绩、升学、奖学金等息息相关时，更容易导致学生在自我评价上做出与实际情况不符的评价结果，所以，学生在进行自我评价时需要注意以下几点。

1. 学生的自我评价和互评是为了培养学生自我反省意识和民主意识的一种学习型、形成性的评价过程，其最后得出的评价结果并不能作为最后的判断，也不适用于较为权威的评价体系。

2. 评价内容中有涉及到学生自身“自尊”的评价内容时，教师务必与学生提前做好沟通，不让学生因此产生自尊心下降或不自信的表现。

3. 当自我评价与考试分数、升学、奖学金等密切相关时，教师要将学生的自我评价与这些功利性因素进行分离。

4. 创立“学习卡片”的学习形式，定期、定项目地自我评价，将学生的自我评价形成一种书面式的形式。

第四节　高校体育教学评价的发展

一、体育教学评价的未来发展趋势

体育教学在未来的发展趋势主要体现在以下几个方法面。首先，在评价主体上，更加强调学生的自评与主体地位；其次，在评价功能上，更加注重发挥评价的教育功能；再次，在评价类型上，更加重视实施形成性评价；最后，在评价方法上，更多采用相对评价法，其具体详细内容如下。

（一）评价内容不断扩展

对于体育教学的评价内容一般为教学理念、技术技能、身体技能、心理发展、授课质量等，但随着社会的不断发展以及学生身心各方面的素质不断变化，其教学评价内容也会相应地不断发生变化，从而进行调整或扩展。有关教学专家还提出，高校不应该只为某一个教育目标服务，应当形成多元化的教育目标，从而实行多元化的评价机制，使体育教学逐渐向多元化方向发展。具体来说，体育教学内容的评价已经不单单是对理论知识和技能技巧进行考评，还与心理健康、人格、个性培养有着密切的内在联系。

（二）评价理念不断更新

在现代的体育教学中，其评价理念应当是促进学生的全面发展、促进教师成长、以学促教。首先在制定教学目标上，不仅要按照课程标准、教学内容、教育任务来进行科学、合理的教学安排，同时还要兼备学生综合素质的全面提升等。在促进教师成长方面，其评价方向关系着未来的体育教学，也关系着对学生未来的引导，所以对教师的评价理念应当在重点诊断教师在课堂教学中存在的不足和问题，满足教师的个人发展需求。新时代的评价理念还应当以学生为主体，将学生在课堂中表现出来的学习状态、情绪状态、思维状态等作为评价参考，具体从表 9-5 的对比中可以看出。另外，评价理念还应当注重素质教育，以全面提高人的基本素质为根本目的，尊重人的主体性和主动精神，以人为的性格为基础，注重学生形成健全的人格，这是顺应社会发展的需要，尤其是在科技竞争、经济竞争、人才竞争激烈的环境中，人才的素质高低往往成为决定国力高低的重要因素。所以，多角度、多元化地更新教育评价理念，是体育教学工作的又一紧迫任务。

9-5 新课程教学评价理念

内容	传统教学评价	新课程教学评价理念
评价的主体	管理者（教师）	教师、学生、家长、管理者等
评价的内容	知识、技能的掌握	过程、方法、情感态度价值观
评价的标准	学生的成就	综合素质（学生发展的诸多方面）
评价的方式	单一、量化方式（分数）	质性评价、定性和定量结合
评价的过程	终结性评价	关注过程（求知、探究、努力）
评价的目的	选拔、甄别	激励、分类指导、促进发展
评价者与评价对象之间的关系	被评价者被动接受	共同承担被评价者发展的职责

（三）评价方式的综合运用

体育教学评价的发展形势可以从以下几方面体现出来。

1. 有机结合定性评价与定量评价

在进行体育教学评价时，定性评价要对评价对象做出“质”的分析，运用分析和综合、比较与分类、归纳与演绎等进行逻辑分析，但定性评价的最终结果较为模糊笼统，弹性空间大，难以精准的把握；定量评价是采用收集和处理数据资料，对评价对象做出定量结果的价值判断，关注“量”的走向，但定量评价常常会忽略评价主体一些难以量化的重要品质和行为。所以，将这两种评价方法有机地结合到体育教学评价中来，可以将各自的优势发挥出来，并弥补双方某些方面的缺陷，形成一套具有科学性和有效性的评价方法，因此对人才的培养提出了更高的要求。

2. 诊断性评价、形成性评价和终结性评价的综合运用

在这三种评价方法中，运用最为广泛的即为终结性评价，是目前检测学生学习程度的最常用途径，也是反映教学效果、学校办学质量的重要指标之一，如期末考试、结业考试等。但是这种评价方法有着最为明显的弊端，即重视结果，以考试分数对学生做出直接的结论，而忽略了学生在学习过程中的其他发展，从而使体育教学评价的功能无法正常的发挥出来，更无法对教师的教学方法进行提升。诊断性评价是指在教学开始前，对评价对象的学习准备程度做出鉴定，以便教师采取相应措施的教学计划，这种方法可以根据不同学生的学习需求制定出相应的教学方案，将学生置于有益的教学程序中。形成性评价是指在教学过程中为了解学生的学习情况，教师可以根据教学中发现的问题随时进行教学计划调整、教学方法的改进等。因此，将诊断性评价、形成性评价、终结性评价相互结合，可以形成一个教学前、教学中、教学后的完整评价机制，相辅相成，形成一个新型的评价方法，对推动体育教学的发展有着强有力的作用。

3. 充分结合自评与互评

在体育教学评价中，一般较为注重对教学主体的评价，使主体的自评和相互之间的互评经常被忽视，但自评和互评是教学评价环节中不可缺少的部分，例如对于教师的自我评价来说，因为对自身的教学工作较为熟悉，对教学质量的好坏也有着清楚的分析，所以教师通过自评可以对自己的教学工作有一个重新的审视，从而对需要补充的地方进行延展。再所谓“当局者迷，旁观者清”，与其他教师之间的互评，可以以其他教师的角度来发现自己没有发现的问题所在。又如学生的自评，是培养学生形成自我反省的意识，而学生之间的互评就正如孔子的《论语》中曾所云“三人行，必有我师焉。”让学生之间形成了一种相互欣赏，相互鼓励的环境，将对方的优势

说出来，形成一种对他人的激励，并学习他人的优点。

另外，学生本身就是教学目标的直接对象，要做到对体育教学评价的有效性，就必须注重学生自身的学习体验，尤其是情感、意志、态度、兴趣等较为内敛的因素，通过学生的自我评判可以让教师获得较为直观的、真实的、有价值的信息。同时，自我评价也是帮助学生如何认识自我的一个过程，也是让学生对教师的教学目标和教学内容有一个认知的过程，

二、体育教学评价的发展策略

体育教学评价不仅能够直接地反映出教学成果，同样还具有预测性的功能，教师根据评价现状，对学生的发展趋势可以做出大致的构建，为学生拟定合理、科学的教学目标和内容。作为衡量体育教学质量水平的重要评价方法，具体而言，可以从以下几个方面将体育教学评价水平进行完善，从而提高教学质量。

（一）完善体育教学评价体制

教学评价是教学活动的重要环节，也是当前高校体育教学要改革的关键，对体育教学和学生的发展有着重要的作用，所以，将体育教学评价机制进行完善，能够从中得到更多的反馈信息，推动高校体育教学和学生的各项发展。

为了获取更为全面、有效的信息，在教学评价的反馈方式上可以多加扩展，并对反馈的内容进行适当的补充，使教学评价反馈的信息更加完善。另外，对教学评价建立对应的监督机构也是很有必要性的，在保障教学评价顺利进行的同时，又能保障其公平性和公正性。

为了能使教学评价的评价领域更为宽广，可以适当地对各类具有束缚性的规章制度进行缩减或将传统的规章制度与新课标教学内容相结合，听取教师和学生的一些建议，制定出一系列新的规章制度，再加以完善，保障体育教学评价的贯彻实施。

（二）实施多方位评价

教师是评价机制中的主导者，教师的评价能够为学生直接带来导向、调控、激励、鉴定等作用，所以在评价途径上要对传统评价方式进行改革或创新，进行多方位评价。例如，在重视最终成果时又不忘与学生在学习过程的获取相结合，通过纵横比较来了解学生的学习成果、意志品格、学习态度、心理健康等；将自主评价与客观评价相结合，自主评价即自我评价，客观评价即他人评价，两种评价方式相互协调，既可以避免学生在进行自我评价时不愿意将自己的缺陷暴露，又可以通过让人评价使学生的特点得到其他人的承认，接受自我、肯定自我；注重个体差异化的评价，就是说，当对学生的某一方面进行评价时，可以与该学生的另一方面相比较，然后做出适当的评价，如将学生的学习成绩与他的兴趣爱好相比较，以此可以了解到学生的特长所在；对最后的评价结果进行全面解释，如有些学生由于本身身体素质有限，只能达到某一水平，教师可以对此进行相关说明，避免引起他人对该学生不必要的误会等。

（三）通过“学习小组”促进学生增强协作能力

通过在学生之间成立“学习小组”的形式来作为被评价单位，可以在学生之间起到优势互补的作用。在“学习小组”成立后，既能让学生认真倾听或观察其他成员的发言和行为，还能培养学生的组织纪律性，让学生在以小组为单位时学会以集体为主，不与同学发生争论，而是合理地听取或提出意见。在学生合作交流过程中，互相尊重、信赖，敢于在成员面前承认自己的不足，又可以虚心向学习良好的学生请教，形成一种良好的学习氛围，使每一个学生都能在交流合作中正确地认识自己，发现他人的闪光点。与此同时，对于小组内一些学习积极性不高的学生，还能在小组整体氛围良好的带动下提高学生的学习热情。

（四）评价学生的标准由单一向综合转变

单一化的评价标准是体育教学评价中较为常见的一种情况，通常以完成某一运动动作或项目来作为最后的评价结果。这种方式对于一些具有运动天赋的学生来说有相当大的优势，但对于一些先天条件较弱的学生来说无疑是一种不太公允的评判方式，比如就跳高运动来讲，对于有身高优势的学生从事这项运动就显得轻而易举，对于少部分身材矮小的学生来说却无法达到一定的学习任务。因此，对于这种单一性的评价标准，可以采取综合性的评价，不将最后的任务完成情况作为评判的唯一标准，可以适当地降低标准或通过运动过程中的种种表现作为评判依据。

（五）对体育课特有的教学环境资源进行积极的开发

相比于其他学科的学习，体育课的学习形式较为明显，是通过课堂上身体训练为主的一种课程，所以教师在制定教学内容时可以开发多种环境资源，发挥体育课程的多样化作用。例如，对学校的教师资源可以进行开发，可以与不同年级的体育教师进行互换教学，让学生有机会接触到不同的教学方式，找到适合自己的契合点；另外，还可以请其他学科的教师来教课，如生物老师就可以为学生讲解人体在运动时，身体各器官相应发生的一些变化。在教学的设施器材上同样可以通过改造来开发利用，例如呼啦圈可以完成钻、跳、转、滚等动作，栏架可以用于跨栏赛中，也可以用作足球运动中的投射门或用于爬越运动中的障碍物设置等等。除了这些体育资源的再开发，还可以从生活中的素材来自制体育器材，如可乐瓶可以用在标杆，废旧布料可以制成沙袋，旧报纸可以制成纸球等。

（六）综合运用过程评价与结果评价

传统的教学评价均注重结果评价而淡化过程评价，在体育教学中，就直接导致了学生对于各项运动的局限性，其教学效果也无法发挥出真正的作用与意义，学生的热情和积极性也就自然得不到激发。所以，将结果评价与过程评价相互结合，既避免忽略对学生在体育过程中的表现，又能提高体育教学评价的公平性、科学性、合理性，并将得到的有利信息及时反馈给学生，让学生对自己的不足之处进行改善和调整，使体育教学评价的结果不单一。对过程评价的重视还能够促进学生对体育运动的积极性，端正学习态度，使学生在体育运动过程中也能认真对待，而不是只注重最后结果，让部分先天条件不太好但自身又非常努力的学生得到激励。

第十章　新时期高校体育教学的教师定位再探索

教师是教学系统中的一个重要元素，对整个教学活动和过程起到主导作用。在高校体育教学中，体育教师的角色定位及其教学能力与素质，都会对体育教学质量与水平起到决定性影响。新时期，为了实现体育强国梦，为了推进学校体育教学发展，为了进一步实现全面发展型人才培养目标，促进学生身心健康发展，体育教师是关键，对高校体育教师的教学工作进行研究具有重要的战略意义。

第一节　体育教师的社会地位与角色定位

一、体育教师的社会地位

体育教师的社会地位，通常是指教师被这个社会的认可程度以及在人们心中的地位。宏观上来说，职业声望、经济待遇以及社会权益是判断某一工作职业社会地位的决定性指标。在我国，党和政府十分重视教育事业，同时由于受到从古至今的伦理道德观念影响，教师这一职业在我国享有较高的荣誉和地位。当然，体育教师也同其他学科教师一样，拥有一定的社会地位，在社会权益以及经济待遇上也都有较大的改善。然而，若仔细分析当前高校体育教师的发展现实，我们可以发现体育教师相比其他学科教师仍有一定的差距，这在一定程度上影响了体育教师工作的积极性及主动性，也影响了体育教学整体的社会地位。

（一）影响体育教师社会地位的因素

1. 历史的原因

教师这一职业由来已久，但是体育教师这一职业却出现较晚。若追溯古时，大概与体育多少有些联系的都是军队操练以及民间习武这一类，这时教授军队和武术的大多被称为“教头”“师父”，且当时的习武练兵通常带有强烈的生存、抗争意识，并不完全具备现代体育的含义，因而也并不存在真正的体育教师。而随着学校教育的发展，体育也开始进入教育体系，但是当时的学校体育大多以机械、枯燥的兵式体操为主，因而不具备较高的体育价值。直至 20 世纪 20 年代后，兵式体操逐渐被废除，然而由于缺乏完整的体育师资培训机制及能力优秀的体育教师，体育教师大多还是由退伍军人担任，这一类教师人群在学历、资历、教育素养等方面与其他学科教师相比仍有较大差距，因而体育教师这一职业的社会影响力就比较弱。以至多年后，虽然师范体育专业发展良好，在一定程度上补充了高校体育师资不足的缺陷，但是由于体育本身的特点及历史渊源，体育教师这一职业并没有得到社会的广泛重视和认可，社会地位也有待提升。

2. 社会的偏见

高校体育教师的社会地位相对不高，一方面是其自身的历史发展原因，另一方面也是认识上的原因，这主要表现在以下几个方面。

（1）一些人片面地认为体育教学是简单劳动。由于体育教育是身体教育，身体活动是其主要表现特征，因而人们只看到了体育本身的外在特点，而忽视了体育的本质内涵，错误地认为体育教学只是一项简单的体力活动，而从事体育教学工作的体育教师也自然被认为是从事简单劳动的工作者。因此，高校体育教师的社会地位和价值常常被忽视，不能与其他学科教师相提并论。

（2）截至目前，我国社会还是有很多人对体育缺乏足够认识，认为体育就是跑步、篮球、足球等简单内容，而只要在实践技术上稍有成就就足以担当体育教师。这些错误的认识源于他们对体育本身的认识不全，认识不全就会导致他们对体育及体育教师的偏见。

(3) 实际上，在终身体育及人才培养观念的影响下，许多高校都对体育教育教学工作采取了一系列措施，然而就总体而言，高校有关部门甚至是院校领导还是没有对体育教学予以足够重视。通过调查发现，在高校中体育这一门课是最容易被挤占和被学生忽视的课程，教师和学生从根本上没有充分认识到体育课程的重要性和必要性，通常会因为自身专业课需求或私人原因等不上体育课。他们普遍没有认识到体育教学对学生身心全面发展的促进作用，也没有认识到体育教学的本质特征和功能，从而也忽视了体育教师的历史使命和社会价值。虽然这些认识和偏见并不代表整个社会大众的见解，但也在一定程度上反映了体育教师在当今社会存在的现实状况，对体育教学的社会地位同样造成了不可忽视的重要影响。

3. 与体育教师本身的联系

除了历史原因及社会偏见，体育教师本身也对其社会地位造成了直接影响。

(1) 与体育教师的责任感有关

教师是神圣的职业，大多数教师都会一如既往、勤勤恳恳地工作，以教书育人为己任，努力实现个人价值及社会价值，体育教师也是如此。然而，仍有一部分体育教师没有以正确的心态去对待自己的职业，他们怨天尤人，在自身身份和地位没有得到较大认可时，会表现出消极工作、敷衍了事的行为态度，因此教书育人工作更加滞后，社会地位也无法得到相应提高，以此形成恶性循环。若说一开始体育教师的社会地位普遍不高的原因是由于当时特定的历史条件所决定，那么现如今无法完全改善则大多是由于体育教师本身的原因。体育要想被社会大众广泛认知和接受，体育教学及教师要想获得更多认可和支持，体育教学就应该充分展现其价值及魅力，必须让人们意识到他们对促进学生社会化、身心健康及全面发展的巨大贡献和作用。而要做到这一点，体育教师就必须对教学工作有高度责任感，应仔细根据教学条件及学生实际去进行教学设计，尽职尽责上好每一堂课。体育教师应当为了学生发展以及改善体育教师形象、提高体育教师的社会地位而不断努力。

（2）与体育教师的业务素质有关

教师作为一名教育者，通过展开一系列的教学活动将知识技能传授给学生，以此促进学生发展。体育教师与其他学科教师一样，需要展开教学活动使学生获得知识、习得知识、吸收知识。完成这一系列的教学活动，必须要具备一定的业务素质，体育教师应以自身良好的业务素质来发挥体育教学的功能，实现体育教学的价值。然而，从实践教学活动中我们可以发现，在体育教师人群中，还有相当一部分的教师自身不具备相应的业务素质，育人能力也有待提高。而随着社会的进步和发展，人才培养要求逐渐提高，以素质教育为指导的现代教育思想给体育教学提出了更高的要求，不具备良好的业务素质显然无法完成真正的教学任务，实现教学目标。通常来说，一名具备良好业务素质的教师应在教习学生体育知识与技术技能的同时，还能够引导学生在意志力、情感等非智力因素方面的发展，并帮助他们树立和培养终身体育的思想和能力。而就现实情况来看，目前有一些教师集中表现为传授技术陈旧、不适应新事物、不思上进、理论知识薄弱、得过且过，这些都属于业务素质低的表现，严重影响了体育教学质量的提高，同时也影响了体育教师整体上的社会地位。

（3）与体育教学的特点有关

不管是哪一门课程的教学，其教学活动最终是为了学生发展而服务，都应得到相应的认可和重视。体育教学同样以此为目的，但在具体教学目标、教学内容及教学形式上表现出与其他课程教学的较大不同。体育教学主要以身体活动为主要内容，学生的身心发展都是通过身体活动实现的，看似不需任何的知识储备及脑力活动，这就导致了人们普遍认为体育教学就是一场散漫随意的“自由活动”，跑跑跳跳、运动运动即可。他们严重忽视了体育中灵活机动的智慧以及促进学生身心发展的潜在动力机制。因此，体育教学本身的特点导致了局外人对体育教学的本质及价值的忽略，也拉低了对体育教师的印象，对体育教师的社会地位造成了严重影响。

（二）改善体育教师的社会地位

其实，对于体育教师的社会地位普遍不高的问题，主要还是在于社会及体育教师本身两个方面。因此，要改善体育教师的社会地位，应从这两个方面着手。

1. 提高社会对体育的认识

(1) 提高职业专业化程度，优化教师队伍结构

从整体上来说，体育教师职业的专业化程度有待提高，这直接影响了体育教师的社会地位。因此，要切实探讨和研究体育教师职业专业化发展问题。对此，应加强完善体育教师培养体制，合理分配教师专业训练及运动技能训练的时间，切实解决好教师入职后的继续教育问题。此外，还应严加把控体育教师的遴选和聘用，应通过严格、专业的职业训练挑选优秀的体育教师人才，不断加强体育教师的专业化训练，改善教师队伍的整体素质，以此改善体育教师的社会地位。

(2) 使人们了解体育对社会发展的促进作用

体育发展水平是社会进步以及人类文明的一个重要标志，在社会主义现代化进程中，体育的作用日益显著，逐渐成为促进社会发展的重要推动力。

①使人们认识到体育在人才培养中的必要性

体育是现代教育的一个重要部分，是促进学生全面发展的重要手段。通过有效的体育教学，能够使学生掌握更多的体育知识及技术技能，同时还可以培养和改善意志力等非智力品质，帮助学生树立和培养终身体育的意识和能力，促进学生的身心健康发展。因此，体育在人才培养中是不可或缺的。

②体育有助于改善社会劳动力素质

随着社会经济的高速发展以及科学技术水平的不断提高，社会劳动力结构发生了翻天覆地的变化，现代社会人们总是在办公桌前

忙忙碌碌地度过一整天，尤其缺乏适当的体力劳动和身体活动，因而生物适应能力显著下降，出现了许多“文明病”，由此人体的健康水平及身体素质呈明显的下降趋势。而要改善这种状况，治疗日益显著的“文明病”，就必须使人们从事必要的体育活动，提高身体素质，促进体质健康。

③体育能培养竞争意识

现代社会发展中，“竞争”成了一个热门词汇，在一个机遇与挑战并存的现代社会，要想实现发展，就必须敢于竞争。体育所传达的思想就包括“敢于竞争”“用于拼搏”，必须要通过自己的努力，调动一切的积极因素去战胜对手，取得胜利。体育中所包含的积极意识以及竞争观念是具有价值意义的，通过有效的体育锻炼，能够有利于培养人们的竞争意识，使人们以这样的积极心态和竞争意识去创新和求取，实现自我发展，在社会竞争中能够扬帆起航。

④体育有利于弘扬民族精神和爱国主义精神

一个国家的健康发展与繁荣昌盛，离不开国家集体表现出的民族精神以及爱国主义精神。在国际体育比赛上，当中国运动健儿汗洒赛场，为个人、为集体、为国家而拼搏时，其中传达出来的民族精神、集体主义精神、爱国主义精神是极为震撼且具有感染力的，能够使国人感到身为中华民族儿女的骄傲和自豪。因此，体育有利于弘扬民族精神以及爱国主义精神，能够促进国家的健康发展。

（3）要使人们了解体育教师的劳动性质和劳动价值

要提高人们对体育、体育教学及体育教师的认识，就必须使人们了解体育教师的劳动性质与劳动价值。

①体育教学过程是多种知识综合运用的过程

体育涉及多门学科知识，是一门综合性学科。体育教学需要将人的生理、心理过程以及环境有机地统一起来，这是一个多种边缘性学科和体育基础学科综合运用的过程。而衡量这一过程效率高低的关键因素就在于多种学科结合运动的合理性及科学性。教师需要从学生的心理、生理的发展特点，基于对教学内容、教学条件的考虑，去审慎选择教学方法，并准确判断和及时处理教学中出现的各种情况和问题。可以看出，一堂成功、高质量的体育教学课堂，必然是多种智慧与知识的结晶，老师的教学工作并不是简单、直接而毫无意义的。

②体育教师劳动价值体现的特殊性

一般来说，教师劳动价值的体现是潜在的、滞后的，它无法即时、直接度量，体育教学这一门学科也同样如此，体育教师的劳动价值也无法直接体现。体育教师通过组织和展开一系列的体育教学活动，使得学生们体会运动的乐趣，获得身心愉悦，同时发展其体育能力及体育知识水平，培养意志品质，形成终身体育意识和观念，为学生进入社会以后能继续保持身心健康、提高工作效率创造条件，这是一个滞后的伴随终身的效应，它与体育教师的劳动价值是密不可分的。

2. 要提高体育教师的自身素质

毋庸置疑，体育教师地位的提高还是要依靠体育教师本身的努力来实现。新时期，时代赋予教育教学越来越高的要求，体育教师应不断提高自身素质以适应时代要求。

（1）更新、丰富知识结构，提高现代教学意识

随着社会的进步发展，现代化教学手段日益丰富，对传统教学手段形成了强烈的冲击，体育教学现代化程度不断加深，要求体育教师不断学习新的知识和技能来丰富武装自己。新时期，信息化时代下的学生尤其是大学生接收信息更加快速、及时且丰富，他们常常能够快速接收、感知和消化信息，包括竞赛、技术训练等体育方面的知识，这意味着每一名学生都可能是体育方面的“小能手”“小专家”，这也就对体育教师提出了更高的要求和标准，教师只有通过不断的学习才能满足学生的发展要求。因此，体育教师应不断更新和完善自己的教育思想、教育手段，丰富自己的知识面，提高自身素质，切实履行好体育教师的职责。

（2）提高专业素养，树立教师威信

通常，教师的威信与教学效果是直接相关的。教师的威信越高，那么与学生的心理距离就越短，对学生的影响和指导作用也就越强，更容易在学生中展开教学工作。一般来说，教师的威信主要由道德威信与职业威信两个方面构成，教师不仅要具有良好的职业素质，也应具有良好的道德素质，能够对学生起到表率和榜样作用，使学生信服。作为教师来说，构成威信的成分主要是道德威信和职业威信两个方面。通俗地说，教师既能为人师表，处处起表率作用，又能在教学方面具有令学生信服的能力。这就要求教师不断提高专业素养，严谨自身行为，做好表率作用，树立教师威信。

二、体育教师的角色定位

角色，主要指处于一定社会地位中并按其相应的行为规范履行社会职责的人。角色定位明确后，其社会职责以及行为规范就应与之相适应。关于对体育教师的角色定位，我们可以从这几个方面来分析。

（一）体育教师是人类文化，尤其是体育文化的传递者

文化是人类认识世界和改造世界的产物，体育文化作为世界文化的一个重要部分，应当得到传播和继承。体育教师便承担着向学生传递体育文化的历史职责。体育教师应当深刻理解体育文化，通过内化转化为人格力量，在教学过程中以身作则，影响和带领学生学习和领悟体育文化，接受和热爱体育文化，并成为新时期体育文化的传承者。

（二）体育教师是学生健康身心的塑造者

在教学过程中，体育教师不仅会向学生传达广泛、丰富的体育知识和技能，同时在传授知识、交流互动中对学生的心理发展产生影响。教师通过展开一系列的体育活动来促进学生掌握体育知识和技能，同时还提高了学生的心理承受能力，培养了学生坚定、勇敢、敢于拼搏的意志品质，真正做到了实现学生身心健康发展的教学目标。

（三）体育教师是学生的良师益友

教师学识丰富，科学文化素质和道德文化素质都相对较高，能够为学生答疑解惑，指导学生学习，启迪学生思维，带领和帮助学生探索未知、开创未来。作为教学活动中的重要一员，教师应建立平等和谐的师生关系，通过各种教学方式和手段激发学生学习的积极性和主动性，除了要成为学生的指导者，还要成为学生的良友，相互信赖，共同促进、共同发展，以此更快地实现教学目标。

（四）体育教师是教学的组织者和管理者

教学活动应该具有秩序性、合理性和科学性，这就需要教师担负起组织、管理的工作。体育教师应当建立和完善课堂常规与教学秩序，根据教学内容及学生具体实际科学选择和应用教学方法，做到因材施教、循序渐进，帮助学生逐步发展和提高。此外，课堂管理应当宽严有度、有条不紊，建立良好的体育学习氛围，使学生在愉快、轻松、自由的学习氛围中得到锻炼，更高效地完成教学任务。

第二节　体育教师主导作用的发挥

在进行体育教学时，知识、技术与技能的教学主要由教师主导，教学任务、教学内容与教学方法构成，这些基本都是由体育教师选择和制订的。教师在教学中起到主导作用是不可忽视的，对此应充分发挥教师的主导作用，促进体育教学活动的有序展开。

一、教师要有合理的知识结构和良好的教学能力

1. 体育教师的知识结构

从体育教学的角度来看，体育教师的知识结构应包括以下几个方面。

（1）深厚的专业知识功底

作为一名教师，首先要在自己所教的学科方面有深厚的知识功底，体育教师也应当具备丰富的体育知识储备量。一般来说，体育

教师应掌握的专业知识涉及许多学科，有较强的基础性和应用性，注重理论与实践的结合。对体育教师的专业知识功底，其基本要求是：应全面掌握和了解体育基础及专业基础理论知识，能够运用理论知识解释和解决实践方面的问题和现象，科学、有效地展开体育教学活动；能够准确无误地完成体育教学中的各种示范动作，为学生学习建立正确的静动态形象和认知；能紧跟学校体育发展的步伐，牢牢把握新时期高校体育教学发展的新方向。

（2）广博的文化科学基础知识

除了要具备与本专业相关体育基础理论知识，体育教师还应当具备广博的文化科学知识，熟悉当代社会新知，适当涉猎其他领域知识和信息。这是由于新时期高校大学生见识更多、求知欲强且视野广阔，对教师总会提出更多意想不到的问题，因此，为了适应新时期高校大学生需求，高校体育教师也应当为了满足学生发展而不断努力，完善和发展自己，争取以广博的知识赢得学生信赖，帮助学生学习和成长。

（3）丰富的教学理论知识和方法

在教学实践中，体育教师选择教学方法，设计某一教学过程都是需要结合一定的教学理论，以适应学生的发展以及体育学科特点。因此，教师必须要具备丰富的教学理论知识和方法，不断丰富自己的教学实践经验，掌握教学的特殊规律，努力实现体育教学理论与专业知识的有机结合，以此科学有效地开展体育教学，促进学生全面发展。

2. 教师的教学能力

体育教师要想高效地完成一系列课堂教学，就必须具备一定的教学能力。一般来说，体育教师的教学能力主要包括以下几个方面。

（1）教学设计能力

体育教学是一个有目的、有计划的特殊认识活动，为了顺利、高效地完成体育教学，就必须系统规划和安排具体的教学活动。体育教学主要是在一个开放、动态的环境下进行的，是一个复杂的系统工作，因此，体育教师在教学设计上应以教学理论为基础，综合教学特点、学生特点以及教学中的具体情况进行优化组合、合理设计，努力展现教学设计对体育教学的最大贡献和价值。

（2）教材处理能力

教学并没有一定的套路和模式可循，教师应当根据教学条件、学生实际以及具体的教学手段，合理运用教材，进行必要的加工和处理，以此使学生更好地学习和掌握教材。一般来说，体育教师的教材处理能力主要包括：能够科学、合理地取舍教材内容，突出教学重点，游刃有余、精简分明地挑选适当的教学素材，使教材能够真正成为学生掌握体育知识和技能、发展和提高身体素质的有效载体。

（3）教学组织能力

体育教学是一个多项因素参与的复杂的活动过程，不仅涉及身体、思维活动、个体与集体活动，同时还涉及器材的使用、环境的选择以及生理负荷的安排等内容，面对这种复杂的教学活动，教师只有具备良好的组织教学能力，才能游刃有余地处理教学中的一切问题，使每个环节顺利进行，以实现最终的课堂教学目标。

（4）教学研究能力

新时期，提高教师教学水平，改善教师素质的一个重要途径就是进一步加强教学研究。不管是哪一门学科，教师都应当具备一定的研究能力，如选题、查阅文献、资料处理、论文撰写等等。体育教师也应当具备良好的教学研究能力，能够对体育教学过程中的各要素进行深入的研究和分析，能够调动自己丰富的理论知识及实践经验去分析、解决问题，不断探索新知、开拓新领域，发展新思维。提高体育教师的教学研究能力，必然会促进体育教学过程的科学化，必然会促进体育教学的整体发展和进步。

二、教师的主导作用要与学生的主体作用协调

教学主要围绕学生开展教学活动，以学生为主体，尊重学生的

主体性是新时期教育教学的一个重要教育观念。教师在教学过程中应起到重要的主导作用，且这一主导作用应当以促进学生获得知识、技能，实现全面发展。体育教师也应当以学生为主体，充分发挥主导作用，使学生获得体育知识和技能，实现身心健康发展，并帮助学生培养和形成终身体育的意识和能力。要做到教师的主导作用与学生的主体作用和谐统一。对此，教师应努力做到以下几点。

1. 要树立科学的学生观

学生观是对学生的本质属性及其特点的看法。在不同的学生观的影响下，会形成不同的教学观。因此，树立科学、合理的学生观对于提高教学质量是至关重要的。首先，教师应注意到学生具有主体性，即根据主体意识对教师的教育、教学进行选择；学生具有独立性，学生个体在学习方法、态度、需求以及目标上各有不同，他们具有自觉性，在明确学习目的后才会积极投入到教学中去；学生具有创造性，表现在对学习的方法、动作的组合、解决问题的思维等方面的创造意识和创造力；学生具有发展性，在学习成长过程中还具有较大的可塑性，体育教学正是促进了学生的身心发展；学生具有全面性，学生的发展必然是朝着德、智、体、美、劳全面发展。这些都是树立正确的学生观应当注意的，体育教师应当在正确的学生观的指导下科学展开体育教学。

2. 从主体的角度考虑主导作用的发挥

体育教学的最终效果和结果，必须要通过学生表现出来。学生对体育知识、技能的内化过程，必然是一个独立、主动的活动过程，没有主体的能动活动是无法真正达到教学目的的。也就是说，学生的主体性是基础和前提，没有学生的主体性就谈不上教师的主导性。因此，体育教师的教学应该满足学生的主体需要。教师应当根据学生实际，遵循学生的身心发展规律来确定教学任务的难易、教学内容的深浅、运动负荷的大小，应适应学生的身心发展水平和需要。

三、把体育课上成最受学生欢迎的课

我们可以看到这样一个现象，在高校中喜欢体育运动的学生尤其是男生较多，但是大部分女生都不喜欢上体育课。对此，我们应该认真研究，深刻反思，提高体育课对学生的吸引力，让体育课成为一门学生喜欢的课。要实现一堂高效、充满乐趣且充满吸引力的体育课堂，需要做到以下几点。

1. 要让学生体验到成功

成功使人满足、喜悦，催人上进。在体育课堂上，让学生体验到成功，也是教学的一种手段和谋略。在体育教学中，让学生达到体育教学目标，是一个长期性的、抽象的、非即时的成功，学生们不能直接体验成功，而在体育课堂上让学生感受成功的喜悦却是比较现实的，可实现性高。为了使学生充分感受成功，教师应根据每一名学生的差异和条件，具体调整内容深浅及难度，使每一名学生在课堂上都能收获到成功的喜悦，逐步建立学习信心，促进其进一步学习。

2. 帮助学生战胜自我

俗话说，人生最难战胜的莫过于自己。体育教学课堂上也同样如此，学生的首要困难便是战胜自我。可以观察到，许多学生在体育课堂上表现出肢体的不协调、动作的不灵敏，实际上他们并不是不具备完成动作的能力，而是缺乏足够的信心。这时学生需要的并不是教师的技术指导，而更多的是教师耐心的疏导及肯定，需要来自教师的激励，在接收到“你一定能行”的讯号后树立自信，勇敢跨出第一步。对此，教师应当在教学过程中密切关心学生学习动态，通过调整难度和肯定学生来帮助学生消除心理障碍，对他们形成强大的促进力，使他们奋发向前，不管是在技术技能的学习上还是意志品质的培养上都能得到突破性发展。

3. 引导学生超越自我

每一名学生的心理品质、身体素质、机体能力都各不相同，在体育教学中如果实行统一、无差别的标准要求，就会导致学生群体的不均衡、不科学发展，有些学生会认为标准太低而没有积极性，而有些学生会认为标准太高而丧失信心，知难而退。这样一来，学生的主体性不能得到充分发挥，无法实现发展性，更不用说实现全面性了，这对教学是非常不利的。体育教学同其他学科教学一样，都是为了满足社会需要和主体需要，促进个体发展。因而教学也应当突出个体的发展，根据个体的差异性具体制订标准要求，使学生能够不断进行自我超越，看到自己的进步，从而实现又一次的进步。

第三节　新时期体育教师的鲜明特点与形象塑造

一、新时期体育教师的鲜明特点

随着社会经济的高速发展与科学技术水平的不断提高，高校体育教学面临着新的挑战，世界上许多国家开始从战略高度上积极采取措施和手段促进体育教学发展。我国并非是体育强国，在体育发展上还有许多欠缺和不足，而体育教育教学作为促进当代中国体育事业发展的一个主要途径，应肩负起培养高质量体育人才、促进人才全面发展、振兴国家体育事业的光荣使命。高校体育教师作为体育教育教学的重要一员，在新时期应当尽职尽责地为学生传授体育知识、技术技能，在增强体质的同时，促进学生生活质量和生活方式的改变与改善，为国家培养现代化社会人才，培养学生终身体育的意识和能力而努力。体育教师的责任艰巨，新时期体育教师的鲜明特点应主要归纳为以下几个方面。

（一）勇于转变观念

一个人的观念总是会随着他对客观事物认识的深化而不断更新。经过长时间的发展和实践，我国高校体育教学经历了多次教学变革，直至今日已逐渐摆脱生物体育观的束缚，而向着生物、心理、社会体育观等多方面的方向转变。新时期高校体育教师应紧随着时代的发展和变革，认识到体育教学应突出体质、兴趣、技术、技能、知识、能力和习惯的培养，从被动的体育教学观向主动的体育教学观转变。应充分发挥学生的主体性，培养学生自学、自练、自调、自控、自测与自评的能力，从短期教育行为向长远教育行为转变。勇于转变体育教学观念，正确处理教师与学生的互动关系，加强素质教育与终身体育是新时期高校体育教师的鲜明特点。

（二）及时更新知识

随着社会的进步以及高校体育的不断发展，对体育教师的专业知识水平提出了越来越高的要求。就目前而言，当代中国的社会经济与科学技术等方面都在以惊人的速度发展，知识信息进入大爆炸时代，知识的陈旧率大大提高，而新知识呈井喷状态不断涌现在人们眼前。这些都对当代体育教育提出了更高的要求，体育教育必须要不断精简、更新其教育内容，努力缩小教育与现代科技成果间的距离。作为体育教育教学中的一个重要因素，体育教师自身的科技文化水平对人才培养起到了不容忽视的重要作用。新时期，高校体育教师应当迅速更新个人的知识、技术与技能，形成一个以体育学科为中心，以多学科为基础的现代知识体系和知识结构，以尽可能丰富的知识去培养人才。

（三）发展全能

一般来说，体育教学应当具备教学能力、指导学生锻炼身体的能力、训练能力、教育能力、科研能力和创造能力等六种能力。这些能力直接影响了体育教师的工作业绩。能力俱佳的体育教师能对教学工作及其他一切事宜显得游刃有余、得心应手且十分高效，而能力单一的教师则缺乏对整体工作的协调组合能力，做事缩手缩脚且效率较低。新时期，高校体育教师不应因循守旧、消极地等待，使能力停留在一个水平上，应努力发展各方面能力，及时总结经验，探索新领域。

（四）发挥示范作用

在体育教学过程中，体育教师对学生们来说具有强大的示范作用。体育教师自身的思想品德、知识才能以及运动技术会潜移默化地影响学生，极具探索和模仿意识的学生往往会将其教师作为最天然的模仿对象。体育教师的一举一动都受到学生瞩目，精细、敏锐的学生会捕捉一切微小的事物，从而可能将其内化成为自己的品质特点。因此，为了促进学生科学、健康发展，新时期高校体育教师应当主动接受学生的严格监督，以身作则，发挥示范作用，不论是在知识传授上，还是在思想品德上都应努力做好学生的引路人，引导学生健康发展，为现代化建设培养高质量人才。

（五）乐于奉献

体育教师犹如辛勤的园丁，热爱学生和热爱本职工作，不求索取，只讲奉献，对体育事业有高度的自豪感和责任心，以自己的实际行动感染他人并获得尊重和认可。艰苦创业，建立起“不必只追寻理想的结果，艰难的求索未必不是乐”的苦乐观，不为名利，只为学生的体质、为中华民族的整体素质的提高而服务。

二、新时期体育教师的形象塑造

新时期，高校体育教师应在学生及社会大众间树立什么样的形象呢？我们可以这样描述。

（一）新时期高校体育教师应当树立健康形象

新时期高校体育教师必须健康，即包括生理、心理及适应能力等三个方面的健康。在生理方面，主要表现为体态优美、身躯匀称、素质良好；在心理方面，主要表现为乐观向上、情绪稳定、意志坚定，有上进心和拼搏意识等；社会适应能力为身体和心理结合的必然产物。总的来说，体育教师应当有爱心，有耐心，善于自我调控，拥有广博的知识面，社会交往能力强，能够与学生建立平等和谐的师生关系，与同行之间和谐互助，这些都是新时期高校体育教师健康形象的表现。

（二）新时期高校体育教师应当树立权威形象

通常，教师的权威与教学效果是直接相关的。教师的威信越高，那么与学生的心理距离就越短，对学生的影响和指导作用也就越强，更容易在学生中展开教学工作。一般来说，教师的威信主要由道德威信与职业威信两个方面构成，教师不仅要具有良好的职业素质，也应具有良好的道德素质，能够对学生起到表率和榜样作用，使学生信服。作为教师来说，构成威信的成分主要是道德威信和职业威信两个方面。通俗地说，教师要既能为人师表，处处起表率作用，又能在教学方面具有令学生信服的能力。这就要求教师不断提高专业素养，严谨自身行为，做好表率作用，树立教师威信。

此外，这里所说的权威形象不仅限于在学生间建立权威，而应当面对所有体育锻炼者建立权威。因为，现代化社会的发展导致的是人类体力劳动的减少，社会对体育的需求和医务监督将是强烈的，运动处方将受到高度重视，体育教师将运动处方作为一种专利为千百万学生和需要改善身体条件的人服务，人们通过体质的变化来评价体育教师，从而树立权威形象。

（三）新时期高校体育教师应当树立表率形象

新时期，高校体育教师不仅是体育教育的组织者、实施者和管理者，更是社会体育的主要参加者和专家。随着体育事业的不断发展，体育教师的活动空间必将不断扩大，影响也将不断加深。因此，体育教师应当将其高水平的科学文化修养、思想道德修养渗透到工作中去，为人师表，以身作则。体育教师自身也应当充分肯定体育在学校及社会中的重要作用，促进社会对体育及体育教学的正确认识。此外，学校体育与社会体育相互交错，体育事业正在获得更大的关注，高校体育教师应以自己的知识、技术、技能、思想、情感、性格和意志来影响众多的受教育者。并且，与其他学科相比，体育教师的立体感、直观感、表现性以及感染性较之更强，以身作则的表率作用通常更为明显，因此，高校体育教师更应当以身作则，做好领头羊，树立表率形象。

（四）新时期高校体育教师应当树立多重形象

从教学过程来分析，体育教师是教的行为主体，是学生学习的指导、帮助者，此外还是学生学习的一种客体，因此体育教师同时具备主体、客体的双重身份。而从管理系统分析，体育教师是教学工作的管理者，同时又受到上级部门管理，是一名被管理者，因此高校体育教师同时具有管理者和被管理者的双重身份。此外，从社会需求分析，体育教师正在走向复合型发展的道路，不仅要能文能武，同时还要承担校内工作及社会任务，如组织社区体育活动，担任社会体育辅导员，担任体育比赛评委等等。可见，新时期高校体育教师的身份是多重的，只要是人们身体健康相关的活动，通常都会有高校体育教师的身影。

（五）新时期高校体育教师应当树立民主形象

不管何时，体育教学课堂中体育教师都必然是体育活动的组织者，对学生的发展起到主导作用。但是，体育教师与学生之间绝对不是命令与服从的关系，也不是一种体育知识和技能的授受关系。新时期人才教育倡导的是师生之间的民主、平等与合作，体育教师也应当与学生建立新型的、平等的、民主的和谐关系，而不是单方面对学生提出要求，也不是单方面对学生进行知识、思想灌输，应积极引导学生独立探索和获取，为学生在求知和发展的过程中答疑解惑。这样一来就能充分发挥学生的主动性，使学生的独立人格受到尊重，使学生获得更全面的发展。应当注意的是，这并不是削弱教师的作用，而是对教师提出了更高的要求，新时期高校体育教师将成为有学问、有修养、专业知识丰富、技能突出的楷模，其工作崇高而伟大，必将受到社会广泛的认可和尊重。

第四节　新时期高校体育教师的培养途径

随着时代的发展和社会的进步，高校体育教师面临的教学环境、教学需求以及教学方向大有不同，这对高校体育教师素质提出了更高的要求。新时期，如何培养高水平的体育教师，构建优质的教师队伍，成为高校体育教育的重中之重。新时期高校体育教师培养应从以下几个方面出发。

（一）重视体育教学，充分认识体育教育的价值意义

高校要树立正确的观念，应围绕人才发展方向，根据新时期体育教育的发展趋势进行高校体育教师培养，及时吸纳和采用国际上先进的体育教育经验，以科学的体育教育理论为指导，对高校教师人才发展方向和培养目标做出正确指示，为体育教师人才培养指明发展方向，并将体育教师培养列为高校工作新任务、新重点。

（二）构建和完善体育教育所需知识架构

有关工作部门及高校应重视构建和完善体育教育所需的知识架构，为体育教师充实、武装自己提供更全面的引导，帮助他们获取更多、更广泛的相关知识，促进其自我提升，自我发展。例如应在知识结构中详细列出体育科研、思维理论或运动过程控制与评价、生理生化学基础等一些体育专业方面的知识，以此促进高校体育教师知识的积累，提高教师素质和能力。

（三）加强对体育教师人才的继续教育

高校体育教育相关管理和组织部门应为体育教师人才的成长和发展营造良好的发展环境，使他们能够自由、平等地获取相关知识。同时，还要加强对高校体育教师的继续教育，定期展开对体育教师的知识技能教育、思想品质教育、教学能力教育等等，使每一名高校体育教师能够紧随现代体育教育的发展而发展，不断吸收新观念、获得新知识、创新新方法、探索新手段，逐渐成为一名新时期合格的体育教学人才。

（四）构建完善的体育教师培训制度

通过运用科学教学的培训方式和手段有利于提升体育教师的综合素质，能够对体育教师的发展起到激励和督促作用。目前而言，我国对大多数教师的培训方式主要有研讨、进修以及继续教育等几种方式，其培训内容也主要是听课、评课、观摩学习以及听讲座等，这些培训措施和手段对于提升新时期高校体育教师素质和水平是远远不够的。因此，高校应继续加强对教师培训的研究工作，加强新

时期高校体育教师培训制度的科学化建设，丰富岗前、在职培训，实现对体育教师的终身教育，不断提升教师综合素质。具体来说，完善培训制度，应做到以下几点。

（1）丰富培训内容，增设心理学、医学、社会学及体育史学等学科内容，提升教师综合素质。

（2）丰富培训方式，合理安排培训时间。培训方式除了讲座、进修和调研外，还应听取老一辈的教学经验，并开展新教育教学讨论会，多听青年一代关于体育教学的新思想和新知识。应根据各体育教师的教学课程与实际情况出发安排培训时间，为体育教师接受培训提供更多便利。此外，还可以将培训完成情况纳入个人考核中去，奖励教师接受培训，激发教师培训的积极性和主动性，实现更佳的培训效果。

（五）完善体育教师的考核评优奖惩机制

就目前来看，我国许多高校都是根据竞技体育的奖项来进行对体育教师的考核评价与奖惩的，诚然，这种根据竞技成绩进行奖评的方式在一定程度上能够激励优秀教师，但是却较大程度地限制了体育教师在教学理论和教学手段上的创新热情。因此，对考核评优机制进行完善是非常必要的。体育教师的考核评优不应只包含其竞技体育成绩，还应包含对教师的思想道德、教学组织能力、科研创新等的评价，此外，还要考虑到学生对教师教学课堂的满意程度以及在健康知识方面的普及度等等。应不断丰富考核评优内容，激发教师不断进行自我提升和发展的积极性，从而推动教师学习、成长和提升。

参考文献

中文文献：

1. 王崇喜 . 球类运动——足球 [M]. 北京：高等教育出版社，2005.

2. 高松山 . 篮球排球足球游戏 [M]. 北京：教育科学出版社，2008.

3. 朱国权 . 篮球 [M]. 北京：北京师范大学出版社，2007.

4. 黄艳美 . 现代体育与健康 [M]. 北京：清华大学出版社，2009.

5. 陆阿明，朱小龙 . 科学健身运动指南 [M]. 苏州：苏州大学出版社，2008.

6. 黄晓灵，白智宏 . 体育教学心理学 [M]. 重庆：西南师范大学出版社，2006.

7. 高时良，学记 [M]. 人民教育出版社，2016.

8. 饶平 . 体育新课程教学论 [M]. 南京大学出版社，2011.

9. 全国体育学院教材委员会 . 体育理论 [M]. 北京：人民体育出版社，1999.

10. 江百龙 . 武术运动丛论 [M]. 武汉：湖北科学技术出版社，2008.

11. 张国强，贾丽萍，苏国英 . 高校排球运动理论与实践 [M]. 吉林：东北林业大学出版社，2008.

12. 杨贵仁 . 中国学校体育改革的理论与实践 [M]. 北京：高等教育出版社，2006.

13. 黄汉升，甘健辉 . 排球 [M]. 南宁：广西师范大学出版社，

2006.

14. 张瑞林，刘文春 . 排球运动 [M]. 北京：高等教育出版社，2005.

15. 王洪 . 健美操教程 [M]. 北京：人民体育出版社，2008.

16. 王京琼 . 健美操教学与训练 [M]. 长沙：中南大学出版社，2008.

17. 张岚，田颖华 . 健身健美操教程 [M]. 武汉：华中科技大学出版社，2009.

18. 张虹，刘智丽，党云辉，黄咏 . 健美操 [M]. 北京：北京师范大学出版社 .2008.

19. 王艳 . 健美操实用技法解析 [M]. 西安：西安地图出版社，2009.

20. 编委会组编 . 健美操 [M]. 北京：高等教育出版社，2009.

21. 马鸿韬 . 健美操创编理论与实践 [M]. 北京：高等教育出版社，2004.

22. 单亚萍 . 健美操教学与训练 [M]. 杭州：浙江大学出版社，2003.

23. 杨忠令 . 现代网球教程 [M]. 杭州：浙江大学出版社，2011.

24. 董杰 . 网球教程 [M]. 北京：高等教育出版社，2005.

25. 张旭东 . 足球 [M]. 北京：北京体育大学出版社，2003.

26. 毛振明 . 体育教学论 [M]. 北京：高等教育出版社，2005.

27. 胡英清 . 学校体育教学改革与发展研究 [M]. 桂林：广西师范大学出版社，2003.

28. 付钊 . 微课在普通高校公共体育教学中的应用研究 [D]. 鲁东大学，2018.

29. 郭振方 . 身体现象学视域下普通高校公共体育教学中学生体验研究 [D]. 东北师范大学，2018.

30. 李笑然 . 高校公共体育教学中的人身风险识别与防控 [D]. 辽宁师范大学，2018.

31. 贾希 . 新《国家学生体质健康标准》视角下对高校公共体育教学的分析研究 [D]. 山西师范大学，2017.

32. 刘国庆 . 聊城大学公共体育教学质量评价指标体系的构建 [D]. 聊城大学，2015.

33. 王振 . 内蒙古高校公共体育教学引进英式橄榄球课程的可行性研究 [D]. 内蒙古师范大学，2014.

34. 张志坤 . “健康中国 2030”背景下河南省高校体育教学俱乐部的发展对策研究 [D]. 吉林体育学院，2019.

35. 焦温璐 . 河南省高校体育教学安全问题析因及对策研究 [D]. 河南师范大学，2018.

36. 韩艳 . 健康体育视角下山东省高校体育教学改革走向的分析 [D]. 山东体育学院，2015.

37. 许丽娜 . 辽宁省普通高校体育教学环境评价指标体系构建 [D]. 辽宁师范大学，2018.

38. 谢贵勇 . 安徽省民办高校体育教学质量提升研究 [D]. 安徽工程大学，2015.

39. 童宇飞 . 高校体育教学中学生人文精神培养之研究 [D]. 西南大学，2013.

外文文献：

1. Andrew Cruickshank,Dave Collins,Sue Minten.Culture Change in aProfessional Sports Team: ShapingEnvironmental Contexts and RegulatingPower[J]. International Journal of Sports Science and Coach. 2013 (2)

2. NikosNtoumanis.A self- determinationapproach to the understanding ofmotivation in physical education[J]. British Journal of Educational Psychology .2010 (2)

3. Richard G.Ellenbogen,Mitchel S.Berger,H.Hunt Batjer.The NationalFootball League and Concussion:Leading a Culture Change in

ContactSports[J] .World Neurosurgery .2010 (6)

4. Charlene R.Burgeson,Howell Wechsler,Nancy D.Brener,Judith C.Young,Christine G.Spain.PhysicalEducation and Activity: Results fromthe School Health Policies andPrograms Study 2000[J] .Journal of School Health .2001 (7)

5. ThomasL.McKenzie,SimonJ.Marshall,JamesF.Sallis,TerryL. Conway.StudentActivity Levels, Lesson Context, andTeacher Behavior during Middle SchoolPhysical Education[J] .Research Quarterly for Exercise and Sport .2000 (3)

6. Nick Trujillo.Hegemonic masculinityon the mound: Media representations ofNolan Ryan and American sports culture[J] .Critical Studies in Media Communication .1991 (3)